藍學堂

學習・奇趣・輕鬆讀

東大物理学者が教える「考える力」の鍛え方：想定外の時代を生き抜くためのヒン

上田正仁 著
陳雪冰 譯

東大超人氣的

人生思考課

獨立思考、勇敢質疑，
用創造力解決所有問題

第1堂課

掌握「發現問題」的能力

第2堂課 掌握「解決問題」的能力

第3堂課 永不放棄的精神

第4堂課 思考即是創造

推薦序
從執行者躍身為能深度思考的人

張國洋
（「大人學」及「專案管理生活思維」網站聯合創辦人）

新鮮人進入職場，通常會經歷兩個演化階段。

第一個階段，通常在剛入職場的頭幾年。那時候會很希望主管在交辦工作時，能給一個明確的範圍。比方說，希望主管明確告知成果要是什麼、何時要、什麼格式、要幾份，以便集中心力在最短的時間內把東西交出來。

如果主管要的工作有點複雜、有點非典型，可能就會開始困惑了：為何主管花很多時間跟我解釋事情的來龍去脈？我為何要花時間聽主管談對這件事的思考邏輯？一開始會疑惑，然後不耐煩，最後甚至注意力渙散，然後忍不住想問主管：「到底要我做A還是做B？你說要先理解市場狀況，是表示可以立刻開始進行，或是要等你的指示？還是要我做什麼？」

會有這種狀況，正是因為學校教育。

學校的訓練，讓很多人誤以為所有事情都有規則，畢竟考試有範圍、準備有基礎、題目也有正確答案。而這一切，無論狀況多複雜，老師都是完全理解的那個人。所以，離開學校、成為職場新鮮人後，大家對工作也有先入為主的類似期待。期待主管全知全能，先把需求想清楚，給一個範圍，員工只要快速地幫忙做好就可以了。

但是，抱持這種態度的人，很快就會在職場碰壁。這樣的人具備的只有「執行力」，等到哪一天，理解到社會重視的其實不是聽命行事的人，而是能看懂困境、問對問題、擬定策略、提出創意、帶領團隊的人時，職涯發展才會進入下一個起飛點。

事實上，只要升遷為小主管，工作的執行層面就會愈來愈少，思考與界定問題的能力需求則會愈來愈多，有愈來愈多工作，是含糊、沒有範圍、誰都沒辦法有明確答案的。這時，「思考力」就顯得非常重要。

《東大超人氣的人生思考課》談的剛好是如何建構思考力的方法，從「發現問題」的能力開始，逐步培養「創造性解決問題」的能力。如果你過去很少從頭到尾思考一個毫無範圍的問題，從來沒有嘗試找出解決方案，本書將提供可依循的步驟，讓你從執行者慢慢變成思考者，甚至成為一個有思考深度的大人！

資優生未必是職場人才

老查
老查商業好書簡報主理人

我在擔任部門主管時，與部門同事進行一對一會議，當我問到「最近手上的專案有碰到什麼問題嗎？」時，通常得到的答案大多是「沒有，還好」，當我聽到這樣的回答時，會特別就同事在進行中的專案與工作的進度再多問兩句，確定一切都進展順利。

但有些同事則會告訴我正遇到某些狀況，以及他接下來計畫如何解決其中的問題，這時候我就只會說「先照你的想法去做，假如有需要協助或討論的時候，記得要提出來。」

也許有人會覺得奇怪「為什麼同事說『沒有問題，還好』時，反而要多關心他的進展，但主動提到有些狀況的，卻讓他先繼續，而不是立即指導他或教他怎麼做呢？」

原因是，除非是行之有年的例行公事，否則過程中應該會有些不同的情況或問題發生。假如回答「沒事、還好」的，我不免會擔心是否他在處理的過程裡輕忽了要認真去思考專案需要解決的問題，因此會特別關心一下。但是已經有察覺到有些問題需要解決的，正是可以讓他思考與創新的機會，就應該讓同事多嘗試，需要時再協助就好

讀了《東大超人氣的人生思考課》一書，發現我的經驗與作者上田正仁教授的想法不謀而合。他在書中提到「質疑他人未質疑的問題」，是鍛鍊思考力的起點。原因在於，學校教育中的「考試」，無形中養成大多數人「題目是有人設定的」、「問題一定有答案」、「標準答案只有一個」的既定認知。但真實世界裡，問題未必顯而易見、此題無解或解答需要苦苦尋覓的情況很常見，甚至答案也未必只有一個。所以在學校裡的資優生，未必就會是職場中

的人才，必須要先提升「思考力」。

而除了透過觀察現象，界定出問題與定義問題本質之外，因為答案通常不只一個，因此上田正仁教授也特別強調「必須運用創造力，也就是以個人獨特的方法解決問題的能力」，因此過程中的嘗試甚至繞遠路，都是「創造」的過程中必須要有的經歷，如果輕易有「這個我早就知道了」、「都已經了解了」的心態，就會陷入僵化、並非最佳方案的窘境。甚至如果想都不想就希望有人直接給答案，或是希望藉由搜尋找到答案，就更不應該了。

雖然《東大超人氣的人生思考課》是上田正仁教授在東京大學的課程內容整理，但我認為書中的方法同樣適合在職場已經有些歷練的工作者閱讀，因為隨著科技與社會環境的快速變化，產業每隔三～五年就必須面臨新的衝擊，甚至來搶奪市場的，根本就不是原有的競爭者（例如智慧型手機逐步侵蝕了數位相機的市場）。能夠掌握「思考力」、「創造力」與堅持解決問題的決心，是職場工作者必須具備的能力。

現實社會需要的，從不是會考試的人才

謝伯讓
（台大心理系副教授、
《大腦簡史》作者）

二〇〇四年，美國許多路邊的大型看板上，莫名其妙出現了一個廣告：{First 10-digit prime found in consecutive digits of e}.com。大多數的一般人，都對這個廣告視而不見。唯有少數眼尖的人，才會注意到這個廣告，並且憑著好奇心和毅力去解開其中的謎題。這個謎題到底是什麼意思呢？

揭曉答案之前，我們先來看看這個廣告對背誦填鴨式教育的一些省思。

台灣每年都培養出許多「頂尖」的高中學生，這些學生，從小就縱橫考場、敗敵無數，個個都是萬中選一的考試高手，可是這些高中生在進入大學與職場之後，往往會發現，現實社會的運作方式似乎和自己過往的訓練南轅北轍。

學生們自幼就開始大量訓練的考試能力，其實是一種經由死背來快速掌握知識以及解題的「執行力」。這種能力可以幫助學生有效的學習，也可以讓學生在面對有單一制式解答的問題時，快速找到答案。

然而，學生在進入大學和現實社會之後，他們所面對的問題，以及所需要的能力，往往都不是這種死背解題的「執行力」所能應付的，因為這些問題都沒有單一解答，也不能靠背誦和記憶來解決。

比方說，在大學的實驗室中進行專題研究時，如果想要知道如何找出清除海上油污的嶄新方法，請問背誦能力能告訴你答案嗎？又例如，在進入社會之後，如果公司老闆要你找出潛在的新客戶，請問考試訓練出來的解題能力，能夠解得出這種沒有單一制式解答的問題嗎？

我們的教育鮮少告訴學生，在進入大學和研究所從事研究、或是進入職場解決問題時，真正需要的其實是「思考力」！那什麼是「思考力」呢？東京大學物理學教授上田正仁在這本書中，把思考力定義細分成以下三種能力：發現問題的能力、解決問題的能力，以及永不放棄的精神。

發現問題的能力，是以一種懷疑批判的態度，去質疑他人所不曾質疑的問題。解決問題的能力，是將問題進行整理解析，提出假設然後進行驗證的能力。永不放棄的精神，則是一種不棄不餒，至死方休的思考態度。

原來，二〇〇四年在美國路邊大型看板上的廣告，就是在尋找那些少數擁有「思考力」的人！真正擁有思考力的人，可以透過其「發現問題的能力」，看到這個廣告的怪異之處，然後再透過其「解決問題的能力」，一步步經由設計程式來找出答案。最後再靠著永不放棄的精神，才能解開其中一道又一道的關卡與障礙。

在解開了所有謎題之後，他們直接收到了Google的面試通知。原來這個廣告是網路科技龍頭Google刻意放出的「釣魚」資訊。在面對一個完全沒頭沒腦、沒有外部誘因的資訊時（廣告上並沒有標明那是Google的徵才廣告），如果有人能夠主動發現問題，並且堅毅不饒地解決問題，那他們一定擁有過人的思考力，在面對未來未知的難題時，也一定有能力面對，而這也就是Google想要的最佳人才。

更重要的是，這種連求才若渴的Google都想要的「思考力」，並非是天生固定的能力，而是可以透過訓練來培養的！就讓我們透過東京大學物理學教授上田正仁的這本《東大超人氣的人生思考課》，一起提升思考力吧！

前言

大學是年輕人學習面對未來人生中各種考驗的試煉場。

剛踏入大學校門的莘莘學子，有人惶恐不安，有人胸有成竹，也有人自命不凡。然而，綜觀許多人的大學生涯，有些入學之初有嚴重自卑感的學生，卻意外地如魚得水，反倒是那些高中成績出類拔萃的人，大多數卻挫敗連連。到底背後的原因是什麼？要如何避免這種情況發生？由於工作的關係，我對這種現象有長期的觀察與思考。

我注意到，很多大學生會感到內心惶恐不安，在現實中屢屢碰壁，都出現在特定的幾個時期，也就是剛進大學時，大學畢業即將進入社會之前，以及研究所時期。

大學生入學後的困惑，主要在於如何跳脫高中時期養成的考試學習法，這種學習法要求學生短時間內找到所給定問題的答案——答案往往只有一個。而大學則要求大學生在面對同一個問題時，進行長久深刻的思考。這兩種對學習方法截然不同的要求，讓大學新生一時無法適應，因而手足無措。

概括來說，以上現象的成因在於**衡量優秀學生的標準，由「執行力」突然轉變為「思考力」**，這種突然的轉變令許多新生對大學課程望而生畏。

同樣的，在大學畢業即將進入社會之際，或者進入研究所之後，學生不再被要求解決老師給定的題目，而要獨立尋找研究課題，並用自己的方法、有創造性地去解決課題。

在這個階段，衡量一個人是否優秀的標準發生激烈變化，從「思考力」轉變為「創造力」，要求學生在短時間跳脫一貫的思維方式。有許多人適應不了這麼劇烈又突然的變化，感到迷茫、消沉，陷入對現實和未來的無盡恐慌。

會發生以上情況，原因在於，不同的環境，要求學生以不同方式進行思考。要克服種種不適，關鍵在於對當下變化的環境做出正確的理解和判斷，在這個基礎上，有意識地應對。遺憾的是，目前還沒建立因應這類情況的教育和心理輔導體系。

我專攻物理學，授課範圍主要是物理學的基礎方程式。為了讓學生更早認識前文中提到的問題，我將第一堂課命名為「人生的基礎方程式」，講述他們在各個階段可能碰到的困難及原因，並教導他們如何應對。

在這堂課上，我會先做三十分鐘的發言，然後留下一小時左右的時間回答問題。選這堂課的學生愈來愈多，後來教室根本座無虛席。

也許有人會以為，東京大學的高材生一定自信滿滿，不會有這方面的困惑。然而，他們大多數人都對未來感到煩惱，充滿不安。這是因為他們從小就被周遭的人視為天才，反而擔心將來能否延續長久以來在別人心目中的形象，而感受到沉重的壓力。事實上，這種不安和苦惱不僅出現在東京大學的學生身上，也存在於大多數高等院校的學生，甚至社會人士身上。

同時，我也希望那些還在為了升大學而奮鬥的高中生能提早認識到：無論是大學還是社會，與只憑執行力便可高枕無憂的高中，是完全不同的世界。

當他們明白這一點，並做好充分的心理準備，就能避免一進大學就喪失幹勁，也不至於患上五月病[1]；同時還可以理解，乍看乏善可陳的執行力，對日後養成思考力有非常重要的作用，而思考力則是大學中必備的技能。

我任職的東京大學研究所，每年都會從全日本（甚至全世界）選拔優秀人才。對這些優秀人才來說，進入研究所之後的一年是「危險時期」。怎麼說呢？他們不僅成績優異，還具備深刻思考艱難問題的能力，然而，當他們接觸即將獲得博士學位的學長姊（大概年長他們五歲）時，一個個就像鬥敗的公雞，愈是認真學習的學生，絕望感愈強烈。

原因在於，在試圖拉近與學長姊之間的距離時，他們突然意識到：解決眼前既有問題的能力（執行力）已經沒有更大的施展空間了，想更上一層樓，必須獨立發現新問題，並想出創造性的新點子。就算解決問題的能力再

①日本的學校一般都在四月初開學，五月病指的是大學新生剛入學不久就感到不適應的情況。

高超，也沒有把握能找到新課題並有創造性地解決新課題，因此感到很絕望。

然而，實際上發現問題並想出新點子，並不是無法可解或無跡可尋的。我們必須努力不懈、踏實地努力，進而發現只屬於自己的獨特問題。

身為物理學家以及教育工作者，長久以來，我深入觀察和研究思考力的本質以及如何思考事物，像是如何引導思考？如何在生活中不斷強化思考力？想獨立思考出新點子，有沒有系統化的方法可循？

經過長期摸索及在教育工作中經年累月的反覆試驗，我終於發現了其中的奧祕，它不僅適用於教學和物理研究，也適用於各種對象。

現今的世界，經濟形勢、政治格局和國際局勢難以預料，各方面都不斷發生戲劇性的變化。要適應這個「計畫趕不上變化」的時代，必須從大腦的革命開始。如果本書能帶給你一點啟發，我感到萬分榮幸！

上田正仁

二〇一三年六月

課前暖身

什麼是
思考力？

思考力≠聰明

你有沒有想過，什麼是思考力？

一般來說，對於學校裡表現突出以及考試成績名列前茅的學生，我們都會稱讚他們很聰明。不可否認，這種「執行力」確實是聰明的一個面向，然而只不過是社會要求我們具備的能力中的一小部分。

而「思考力」的表現形式則有很多種，比如解決目前為止無人能解的難題，研發出市面上從未出現過、具有跨時代意義的商品，靈活果斷地應對環境變化的能力等，統統屬於思考力的範疇。**思考力是發明創造不可或缺的能力**。然而，這種能力卻不能透過一般的考試來衡量。

本書探討的思考力，就是這種能力。

歷史上最偉大的物理學家愛因斯坦曾說過：「並不是因為我很聰明，我只是比別人花了更多時間研究問題。」（It's not that I'm so smart, it's just that I stay with problems longer.）「我沒有特殊天賦，只有旺盛的好奇心。」（I have no special talent. I am only passionately curious.）

愛因斯坦並沒有把自己歸在聰明人之中，一般人聽了會覺得不可思議，然而這並非他的自謙之詞，而是他在完全了解自己後的深刻體悟。

年輕時的愛因斯坦，並非我們眼中無所不能的優秀人才。他在考試落榜後，並沒有立志成為物理學家，在教授眼中毫無才能的他，甚至連留在大學裡做助教的機會都拿不到。找工作時，愛因斯坦也遇到諸多不順，曾經做過家教等各種兼職維生，在朋友的幫助下，最後才得到在專利局工作的機會。

在這種情況下，一般人都會喪失成為大學教授的鬥志，然而，愛因斯坦並沒有忘記初衷，反而鍥而不捨地進行研究。

愛因斯坦為世人所知，並非在高等學府求學時，而是在專利局工作時。一九〇五年，他一口氣發表了五篇論文。這些論文中提到的「光量子假說」、「布朗運動理論」以及「狹義相對論」等，都是足以得到諾貝爾獎、跨時代意義的重大發現。時至今日，一九〇五年在世界物理史上仍被稱為「愛因斯坦的奇蹟年」。撰寫狹義相對論的論文時，愛因斯坦甚至還沒考上物理學博士。考試失利，沒辦法留在大學當助教，為工作辛苦奔波，甚至在教授眼中「毫無才能」的年輕人，如何成為世界上最偉大的物理學家？

另一方面，在校成績優異，在考試競爭中一路努力過來的菁英，終於擠進了知名大學的窄門。然而，這些菁英一旦離開大學、踏入社會，很快就淪落為社會中平庸的一分子。那些學生時代的佼佼者，常常終其一生沒有任何重要的研究成果。雖然聽起來讓人感到遺憾，這類例子卻不勝枚舉。

學生時代成績平平，也沒什麼突出專長的學生，有的卻能在社會呼風喚雨，有的則提出了讓人羨慕的研究成果。

這兩者的不同來自哪裡？關鍵就在於「思考力」，以及「永不放棄的精神」。

愛因斯坦在學業上並非成績頂尖，也不受矚目，然而卻具備真正的思考力。在大多數人都會退縮不前的困難面前，他沒有放棄，而是選擇逆流而上。**學業成績和思考力，這兩者看起來有關，卻完全是兩回事。**而想成就大事，永不放棄的精神非常重要。

思考的進度，只有自己才知道

發明與創造始於思考。偉大的創意，需要針對一個課題進行長期、深刻、持續的思考，問題在於：怎樣才做得到？

對感興趣的問題，我們或許可以集中精力長期思考，但對不感興趣的問題，又該如何？本書將說明如何將全部精力集中在問題的核心進行思考。

我的專業是理論物理學，若說思考是理論物理學的所有學問也不為過。正因如此，理論物理學家才被世人看成「不可思議」的存在。身為理論物理學家，我並不是一直穿著白袍無止盡地做實驗，更多時候，我要和同事、學

■在思考過程中產生創造性的想法

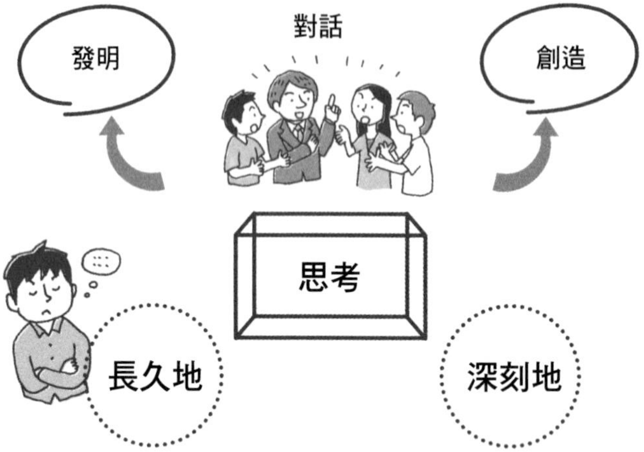

生討論，閱讀論文，日復一日地思考和計算。我工作的核心在備課、整理教材，以及在教材的基礎上重新建立自己的觀點，並思考如何讓這些知識更淺顯易懂，傳授給學生。

我的講義並不是單向的，更重視與學生的對話和交流。如果老師只是單向地傳授知識給學生，學生就會變得被動，透過對話交流，學生會將自己的想法融入講義的內容中，進而更深層地理解並掌握知識重點。當然，我也從學生的提問中學到許多新的東西。**知性的對話最**

能刺激雙方的思考，也有很多樂趣。

各國的物理學學會有個共通之處：不僅在休息時間，連吃飯時也會不停地討論物理學研究，因為其中的樂趣無窮無盡。當然，做為教授，我也免不了要出席會議、做一些其他的日常工作，但我一定會預留每天用來思考以及與學生交流的時間。

如此一來，思考就占了我生活中的大部分時間。理論物理學家的生活，或多或少都是這樣。

然而，只有你才知道自己在思考什麼。不管你的大腦中正勾畫著多麼令人驚嘆的想法，有了如何巨大的進展，外界都無法窺探。在公開發表研究成果之前，這些想法只存在於你的腦袋裡和研究筆記中。

因此，在外界看來，你可能什麼也沒做。然而，那些可以改變世界的發明和創意，或許正在你的大腦中逐漸成形。

愛因斯坦在一九〇五年發表的論文中提到的觀點，一定也在他的腦中醞釀了很長時間。誰也想不到，在一個被別人視為毫無才能的劣等生的腦袋裡，竟然進行著令世界為之驚嘆的思考。

這種情況並非只發生在愛因斯坦一個人身上，在我身邊也有許多令人尊敬的同行，他們在學生時代成績都不甚理想。榮獲諾貝爾物理學獎的小柴昌俊先生，經常將學生時代成績倒數第一名的往事做為趣談。實不相瞞，在大學時期，我的物理學成績也是吊車尾。

由此可見，學業成績只能反映出思考力一小部分，而成就大事不可或缺、永不放棄的精神，則是試卷無法測驗出來的。

為了考試而學習，無法培養思考力

一般人通常會將學歷做為判斷一個人聰明與否的標準。學歷是學生在學校等教育機構中取得的最終成績，現今的學校教育，「考試」具有不可替代的指標地位。因此，學生想在學歷社會中嶄露頭角，就必須在考試中取得較高的分數。

那麼，在考試中獲得較高分數的能力是什麼？這是一種要求你在規定時間內，正確解答指定問題的能力——執行力，很類似電視上智力競賽節目選手展現出來的能力。

執行力出眾的學生，學歷自然愈來愈高。在我的母校東京大學，聚集了許多聰明且學習能力出眾的高材生，他們無一不是在考試中過關斬將的菁英。

然而，他們是否在學術世界裡發現了新大陸？進入社會後是否從事創造性的工作，發揮了領導作用？答案並非如此。甚至有些學校裡的菁英，前腳剛剛踏入社會，就發現自己置身於完全不由考試決定優劣的新世界中，感到不知所措。

當然，其中也不乏被老師感嘆擁有驚人創造力的學生。然而，這些人的創造力，絕不是因為考試提高的。事實上，有些學生的創造力，正是由於過度為了考試而學習，因此消失殆盡。創造力豐富的學生有個共通點：不會忽視傳統的考試，但也不會過度重視，在考試上沒有很重的得失心。

相反的，那些在高中時代成績頂尖的資優生，為考試而學習的心理負擔愈來愈大，導致他們進入大學後立刻喪失了奮鬥的目標，成了五月病患者。實際上，真正做學問，反而是進入大學後才開始，這個現狀令人唏噓不已。

當然，我並不是說為了考試而學習一無是處，也不是要全盤否定它。畢竟，學生為了考試所養成的執行力，在社會上也可以發揮一定的作用。

然而，這種能力絕不會幫你提升創造力，進而為社會創造出新價值。

透過考試所鍛鍊的能力，是迅速掌握知識和解題的執行力。鍛鍊執行力確實有意義，畢竟執行力是思考力的基本能力，也是創造力的基礎。

但是，過度為了考試而學習，會妨礙創造力的提升。原因在於這種學習方式會造成學生的心理負擔，更會阻礙創造力的培養，它將學生的思維模式化，因為命題者單向決定問題的正確答案，進而在學生心中植入先入為主的

■執行力是創造力的基礎

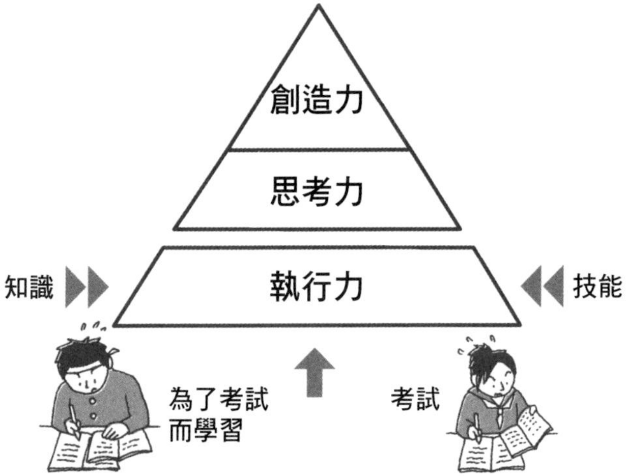

固定觀念。

這種先入為主的觀念，之所以在學生心中生根，最根本的原因就在於試題的性質。學生在考試中遇到的問題，都只有一個預設答案。這樣一來，就加深了學生「問題必然有一個正確答案」的想法，進而對沒有正確答案的問題，喪失了想像力和想要研究的勇氣。

然而，人生的煩惱大多都沒有正確解答，面對這些苦惱，必須給出一個自己的答案。事實上，社會中的許多問題，也沒有唯一的標準答案。

也許你們會覺得不可思議，然而，將自然做為研究對象的物理學最根本的問題也沒有正確解答。物理學要求你發現的是目前為止無人問津的問題，並給出目前為止沒人給過的答案，是一門創造性很強的學問。愛因斯坦就是因為質疑時鐘一直以同樣的速度運動——這個已被廣大民眾接受的「常識」，才提出具有開創性的狹義相對論。

只要是試題，就必然有命題者。命題者所出的題目一定有其想要檢驗的知識重點，相對地也只有一個正確答案，以此判斷學生是否掌握知識重點和相關解題技巧，是否遵循了正確的解題程序，全部的試題幾乎都沿襲著這種模式和企圖。

然而，將自然做為研究對象的物理學，首先需要在複雜的自然現象中找到研究課題，然後將這個研究課題在不同條件下反覆實驗所得結果都一致的事實，展示在大眾面前。

想了解某種現象為何會在某種特定的條件下重現，首先要找出這種現象背後存在的普遍真理和法則。如果自然也存在著某種「企圖」，這種企圖就是我們尋找的法則。

考試的試題明顯展現了命題者的企圖，大自然卻是沉默的，不會跟你說它的企圖所在。因此，物理學不但要求你發現問題，同時要求你以創造性解決問題。

在考試中獲得好成績的考生，僅僅鍛鍊了掌握知識的能力，以及透過考試找到正確答案的能力。在學校之外的補習班，學生也不過是把之前學過的問題歸類，由老師重新講解，進而讓學生掌握解題思路。雖然這也是一種方法，但依舊帶有明確的企圖。而老師單向地灌輸解題方法，同樣由試題本身特有的性質決定。

另外，考試有時間限制，學生為了考取好成績，就必須在有限的時間內盡可能找到答案。因此，在考試中為了一道題目思考太久，是十分不智的選擇，會直接影響考試結果。

聽說目前在某些補習班裡，極力推崇限制解題時間的學習方法：國中試題每題最多三分鐘，高中的最多十分鐘，大學的最多三十分鐘。如果在時間內還找不到正確答案，學生就必須放棄那個題目，集中精力解答下一題。不可否認，這是考場上應付考試的技巧之一，然而，如果學生養成這樣的習慣，日後就沒辦法長時間集中思考某個問題。

總而言之，為了考試而考試的技巧，對於養成思考力沒有任何正面作用。這種在有限時間內，高效率解決具有標準答案的試題的能力，或是遵循一定規律，俐落處理某個問題的能力，本書統稱為執行力。

要創新，不能只靠執行力

在解決有正確答案、有正確步驟可循的問題時，執行力發揮了相當大的力量。一旦有滿足以上條件的情況出現，執行力高的人就可以大顯身手。遺憾的是，在學術界以及現實社會中，滿足以上條件的情況少之又少。

拿經營來說，接待老客戶時，只要員工秉持從前輩和上司那裡學到的知識和經驗，就能讓客人滿意。這時候，執行力高的人可以帶給顧客安心，贏得顧客的信賴，進而被視為工作能力強的員工。

然而，如果要開發新的客戶群，或要將新產品打入市場，需要的就不再是執行力，而是企畫能力和創造力，是能夠說服顧客的社交能力。萬一碰到無法預知的緊急狀況，墨守成規、凡事都要按照一定步驟處理的執行力，反而會成為解決問題的障礙。

產品開發需要的是創造力，進而發現新的商機。如果沒有創造力，就無法開發出受大眾歡迎的服務和商品。蘋果電腦的創辦人賈伯斯，曾在史丹佛大學的畢業典禮上對畢業生說：「求知若飢，虛心若愚。」（Stay hungry, stay foolish.）如果沒有強烈求知欲、沒有追逐夢想的執著，只憑循規蹈矩的執行力，永遠無法發明創造，也無法產生打破大眾常識的新想法，更無法創造出讓所有人為之震驚的產品。

滿足既定客戶群的需求，或許執行力就足夠了，然而，若想開拓更廣闊的市場，拓展新的客戶群，就要發現並創造出顧客還沒意識到的新需求。

這個道理不僅在於經營公司，在學術界也一樣。研究人員若想要有新發現，就必須懷抱勇氣和好奇心，向沒有明確答案和解決步驟、未知的知識荒野，勇敢跨出第一步。

不可否認，執行力在社會中確實有其發揮作用的場合，只不過這些場合太少了。**只有在規則明確、框架嚴格的環境中，執行力強的人才會得到至高無上的評價。**然而，**單純的執行力不能為社會帶來任何變革。**不僅如此，更多的情況下，人們會覺得，在一時之間沒辦法找到答案的問題上花費時間，實在沒有效率可言，而逃避了可能產生變革的任何努力。在嚴格的考試訓練後，大多數人在無意識中就偏離了通往革新的方向。

我認為，即便是看起來毫無效率的事，也具備思考的價值以及創造的無限可能。如果只依賴執行力，你潛在的所有可能性都會沉睡不醒。

這個時代亟需思考力和創造力

我深刻感受到，今天的世界已邁入「創造」的時代。

日本經歷過經濟的高速成長期，很多事情都有章可循，大部分問題都可以參照先例解決，我們可以將那個時代定義為執行力時代。在那樣的社會中，人們只要具備執行力，參考先例，便能讓社會高效率運轉；反之，如果不遵守工作手冊，不遵守規則，效率就會變得很低。

然而，現在的經濟、政治、醫療、產業等各個領域，都出現了按照以往的慣例和經驗無法解決的問題。在這樣的時代中，如果還要遵守以往的規則，拘泥於從前的體系，勢必會拉低整個社會的效率。

在一個無法用執行力解決一切問題的新時代，我們亟需的是真正的「思考力」和「創造力」。

這裡說的思考力，並不是指解決單一給定問題的能力，而是質疑他人未質疑的問題，找到衝破常識的問題點，從現象到本質追根究柢的能力；也可以說，是一種不明白誓不甘休的能力。這樣的能力，不是三十分鐘之內解決不了問題、就馬上進行下一題的訓練能夠培養的，相反的，它需要不達目的、誓不甘休的精神。

需要我們追根究柢來解決的問題，一般都沒有固定的答案。在沒有答案的前提下，給出說得通的獨特答案，這種能力就是創造力。創造力的魅力在於，兩個同時具備創造力的人解決同一個問題時，會給出兩個完全不同的答案。關於這點，只要看看走在時尚最前線的服裝設計師，就會完全明白了。

書中討論的**思考力，指的是透過現象看到問題本質的能力；創造力，指的是用個人獨特的方法解決問題的能力。**愛因斯坦身上具備的，正是這兩種寶貴的能力。

也許你會說，只有像愛因斯坦這樣的天才，才具有這種特質。然而，經過多年的教育工作經驗，我發現事實並非如此，思考力和創造力，是可以透過後天有意識的訓練而掌握的技能。

思考力在執行力的基礎上形成，沒有思考力，就不會有創造力。值得一提的是，**思考力和創造力是一體兩面的能力。**因此，在將兩者合起來討論時，我們習慣稱為「獨立思考和創造的能力」。

獨立思考和創造能力的三大要素

獨立思考和創造的能力，可以分解為以下三種能力。

一、**發現問題的能力。**是質疑他人未質疑的問題，和找到突破常識的問題的能力。

■ 獨立思考和創造能力的三要素

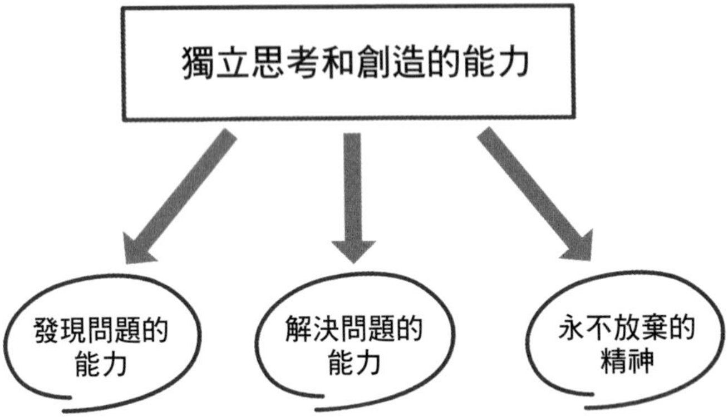

二、解決問題的能力。面對自己發現的問題，克服所有困難，將問題整理、分析、分解直到找到答案的能力。

三、永不放棄的精神。在結果出現之前絕不放棄，執著地堅持從根本上解決問題，直到找到答案的能力。

這三種能力，都可以透過有意識的努力鍛鍊來培養。

我第一次獨自發現問題、解決問題，從中獲得無與倫比的感動，是二十四歲寫第一篇論文的時候。當時的契機是光的二重性的演示實驗。我們知道，光有時呈現出波動性，有時又顯示出粒子性。針對如此不可思議的二重性，物理學領域也有許多專家前仆後繼做了各種研究。

二十世紀登上歷史舞台的量子力學，讓我們了解到，一直被當作「波」來對待的光，實際上是由被稱作「光子」的基本單位組成，並且會像粒子一樣運動。（發現這個偉大原理的人，就是愛因斯坦！）

實際上，透過「光電增倍管」這種靈敏度極高的儀器觀測，可以檢測到每一顆光子具備類似粒子的能量。然而，當時的理論無法充分描述這樣的實驗。

在物理學領域裡，這個問題被歸類為「檢測的問題」，既困難又微妙。因此，當周圍的同行知道我要開始研究這個問題時，一致認為意義不大。然而，不管別人怎樣認為，我都堅持一定要弄清楚。

之後的每一天，我浸淫在各式各樣的論文和文獻之中，為了搞清楚目前的理論哪裡還不夠完整，我花了一年的時間。當時還沒有理論能說明，從光源而來的光子如何一個接一個被連續檢測出。而想提出這樣的理論，我必須先了解目前的理論還不完善的地方。

這就牽涉到「發現問題的能力」，雖然自己似乎有一些想法，卻沒辦法完整表達，障礙就在於不清楚目前理論還不健全的地方到底在哪裡。

因此我閱讀大量文獻，將理論還不健全的部分整理成筆記，一邊閱讀，一邊獨自思考，同時也查了一些文獻以及成果的相關資料。透過持續努力，理論不健全部分的輪廓終於在腦中顯現。這就好比在繪製地圖時，只要用顏色把不清楚的區域標出來，就能大概掌握到那些區域的輪廓。這一點在第一堂課的「資訊地圖」中有更詳細的介紹。

就像這樣，我雖然發現了問題所在，卻對解決方法毫無頭緒。於是我又閱讀了許多文獻，並進行大量、反覆的實驗，又花了一年的時間才找到答案。不可思議的是，靈感竟然出現在我的夢中。

那種興奮的感覺至今仍然記憶猶新。面對這個必須解決卻無從下手的課題，我不知如何是好，只能日復一日進行大量實驗。有一天夜裡，靈感突然在夢中浮現，我立刻跳起來挑燈計算，終於找到了答案。在各種努力和大量實驗的盡頭所得到的成功喜悅，真的是任何言語都難以形容，是無與倫比的寶藏。

這份感動，在之後的研究生涯中給了我面對困難時無比的勇氣和信心。經過長期思考之後獲得成功的喜悅，令人驕傲又感動。所以，長期的思考不一定是痛苦的過程，在盡頭找到答案，那種感覺就像運動後暢快地出了一身汗，精神上獲得無比的滿足。

我非常希望，做為讀者的你們可以在某一天得到這份感動。我沒有什麼特殊的天賦，正因為深刻地意識到這一點，我才能發現普通人如何透過後天的努力養成思考力，並從事創造性工作的方法。

感到好奇、質疑，表示你開始思考了

正在社會上奔波忙碌、認真奮鬥的人也許會說：「我哪有時間思考！哪來那麼多時間？」實際上，我們總會下意識地對事物感到好奇，產生興趣，提出質疑，不由自主地就開始思索起來，這就是實實在在的「思考」。

可惜的是，這類思考大多無疾而終，不一會兒就消散在記憶的九霄雲外。偶爾會覺得這真有意思，回頭再好好想一想，但大多數都沒有下文。有時我們會拿出手機搜尋維基百科，覺得好像開了竅，實際上並不能滿足這種似懂非懂的感覺。

試想一下：每一次當腦袋裡冒出好奇和疑問時，如果都認真對待，會是怎樣的狀況呢？說不定你會預見從沒產生過的奇妙想法，在你的腦袋裡生根發芽。**與其說思考跟時間長短有關，倒不如說跟著內心的感覺走，才是提高思考力的訣竅。**

思考力與在校成績的好壞無關。新事物、新想法、還沒有人注意到的客觀規律……，這些統統都不能透過執行力來發現。最重要的是，想發明新事物，讓新想法變為事實，讓沒人關注過的客觀規律為人所知的強烈渴望，以及為了實現這個願望一步一腳印的實踐方法。

本書會提到我一直以來的各種研究，也會介紹提升思考力的方法和訣竅。在從事教育工作多年經驗的基礎上，我將思考力細分為「發現問題的能力」、「解決問題的能力」和「永不放棄的精神」，這三種能力都可透過一定的訓練加以提升。

這三種能力與一個人的天分和智商無關，只要透過後天有意識的訓練就可以鍛鍊。希望讀者能透過鍛鍊這三種能力養成思考力，進而切身體會到創造力帶來的奇妙感受。

更具體地說，在實踐中，**鍛鍊思考力的關鍵字就是「丟棄」**。這種精神也與愛因斯坦的一段話一脈相承：「教育就是一個人忘掉學校所學後剩下的東西。」（Education is what remains after one has forgotten what one has learned in school.）

在學習過程中，許多知識學完就忘，這沒有關係。**重要的不是我們學到的知識，而是透過學習累積的智慧。**

要提高發現問題的能力、解決問題的能力和永不放棄的精神，本書強調的方法之一是：**蒐集資訊，整理資訊，一旦理解重點之後，就將蒐集到的資訊全部丟掉。**透過重複進行這項作業，我們累積的不再是知識，而是智慧。這才是掌握思考力、提高創造力的奧祕和精華。

一起摩拳擦掌，進入實踐階段吧！

第1堂課

掌握
發現問題
的能力

提出疑問、反覆對話，會更接近問題核心

這堂課要談的是鍛鍊思考力的第一步——培養發現問題的能力。

提到思考力，或許更多人會想到解決問題的能力。事實上，在學術界以及現代社會中，比起解決問題的能力，發現問題的能力更受重視，而且愈來愈重要。

然而，訓練「發現問題的能力」，卻是在考試學習中被閹割掉的部分，在學習過程中，學校和老師重視的是解決命題者給定問題的能力（執行力）。由於這個原因，許多在校成績優異的學生，一旦走出校園邁入社會，就會產生沒人提點、一切必須親力親為的感覺。沒了「命題者」，一切都讓他們感到陌生和恐懼，不知如何是好。

當你從學校進入社會，不可能隨時隨地都有一個告訴你應該做什麼、幫你找到問題、和藹可親的「命題者」，相反的，高度發達的社會更需要能主動

尋找問題的人才。那些不管別人說什麼都照做的人，無論多麼優秀，解決問題的手腕多麼出色，最終只會被劃分在同一個類別中，別人習慣稱呼他們為「待命一族」。在學術界也是如此，解決問題固然重要，但如果能在大眾認為理所當然的現象中，找到客觀規律和法則，更能得到較高的評價，這就是「發現問題的能力」。

然而，大學教育並沒有特別強調發現問題的能力。真正要求具備這個能力的階段是博士生時期，大學到研究生的階段，還是僅限於解決教授給定的課題。一般來說，修完大學本科系四年課程的學生會被授予學士學位，修完兩年研究課程的學生會被授予碩士學位，在那之後連續做三年研究，並得出研究成果的學生，才會被授予博士學位。

博士課程要求學生獨立發現研究課題。博士學位只會給那些自己找到問題，努力解決問題的學生。長年觀察學生從進入大學到博士班畢業的成長過程，我發現：經歷過獨立尋找問題這個關卡的學生，前後判若兩人。擁有獨立尋找問題能力的學生會發生蛻變，對自己更有信心，實力也有空前提升。剛考進研究所的學生，在看到已拿到博士學位或即將拿到博士學位的學長姊時，大多會為他們充滿自信的言行所折服；可以說，透過自己的努力找到問題並成功解決的人，在精神上也完成了華麗的蛻變。

為了因應產業結構的變化，現今一流企業的研究開發部門多會聘用有博士學位的人才，我認為這非常合理。在歐美等先進國家，安排更多博士進入研發部門，本來就是常態和常識。而在日本，目前的主流仍習慣採用碩士而非博士（基於碩士比較好用的理由）。

在日本還沒趕上歐美的階段，由於要解決的課題比較明確，這種徵人方針有效地發揮了作用。但當日本追上歐美各國，也被亞州其他國家追趕上時，產業若無法自行發現新課題、創造新價值，就會變得相對落伍。許多稱得上是日本最擅長技術的產業，之所以不斷衰退，追根究柢，與徵人時忽略了「問題發現型」、取得博士學位的人才有關。

無論在商業界還是學術界，**成功的關鍵都在於發現問題的能力**。然而站在學生的立場來看，無異於突然改變遊戲規則，以至於他們茫然不知所措。

在考上大學之前，解決問題的能力受到廣泛的重視，然而走出大學之後，發現問題的能力變得更重要。這相當於將學生推入一個意外的陌生世界中，過去愈是兢兢業業完成所有給定題目的優秀學生，愈會感到不適和迷惘。

那麼，要如何跨越這道鴻溝，平穩度過呢？要適應新的遊戲規則，必須改變思路。第一步就是，**重視平時產生的疑問，養成提出疑問的寶貴習慣**。

以下分享我在大學工作時的實踐經驗。

首先在課堂上，我將更多時間交給學生提問，由我來回答。由於許多大學教授傾向單向灌輸書本知識，所以在學生看來，只要「聽」課就好了。這樣一來，他們就不會踴躍提問，甚至認為如果貿然提問，不但會影響教授的上課進度，還會給其他同學造成不必要的困擾。下意識改變這種心理，就是改變思路的第一步。

因此，我在課堂上會事先向學生說明：今天的課程將採用師生討論的形式，無論是多麼小的疑問，都有可能幫助周圍的同學更理解知識重點，因此請務必踴躍發言。這麼一來，課堂的氛圍就轉變成積極鼓勵提問，在這樣的氛圍中，學生可以大膽提出質疑。當學生意識到自己提出的問題，不僅僅是個人的問題，還有可能幫助到其他同學時，就會開始踴躍發言、大膽提問，提問的內容也不斷改變。剛開始，學生提出的問題大多圍繞著自己不清楚、不了解的知識，慢慢地，他們開始能根據講義的內容進行聯想，衍生出與當下的知識相關的其他問題。

這樣的上課模式，不再是教授單向灌輸知識，而是以學生提問為中心。在教授與學生自由交換意見的過程中，很有可能觸及一些意料之外的新話題，進而從全新的角度來審視講義的內容，非常具有創造性。透過問答解惑的課堂模式，學生學到的知識遠遠超出講義的內容，主動聯想到的疑問也能觸發他們查詢相關文獻。這是**思路由被動的聽講型向主動思考的發問型轉變**

■改變大腦的思路

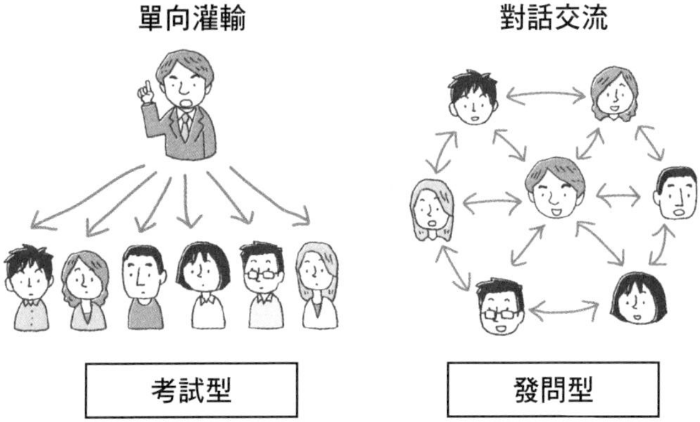

的契機。

但這其中也有不足。由於每節課的時間是固定的，選課的學生人數又很多，所以每個學生提問並得到解答的時間，受到很大的限制，這樣一來，學生就很難從一時的疑問中提煉出個人想要解決的課題。為了彌補這個不足，我們會進入下個階段：建立研究小組。在這個階段，由少數人組成的研究小組將發揮良好的作用。由於參與的人數較少，在同樣有限的時間內，研究小組可以更深入地交流討論。

一般來說，在研究小組的活動中，

我不說話，只專心聽，營造學生共同研究討論的氛圍。因此，在研究小組的第一堂課上，我就會明明白白告訴學生：這個課堂是訓練大腦的地方，目的在於培養獨立發現問題，透過彼此交換意見解決問題，甚至發掘新想法的能力；以及這種能力在當今社會之所以很重要的原因。

這樣一來，學生就能充分理解積極發言的意義和必要性，開始在課堂上暢所欲言。我基本上只聽不說，除非是討論嚴重偏離主題時，我才會稍微提醒：「一開始討論的主題是什麼，大家還記得嗎？」及時將他們的意識從岔路拉回討論的主題上。

透過這樣的訓練，學生的意識逐漸發生變化，開始習慣大膽提出疑問，以及跟研究小組其他成員討論交流的形式。

對待研究生，我則採取另一套方法。為了鍛鍊他們的思考力，我對他們有非常嚴格的要求。在第一堂課上，我給他們的**第一個任務是：自己尋找研究課題**。一般來說，研究生最初的訓練，都是從老師給定比較小的研究題目開始的，所以學生的意識會更偏重於解決問題。正因為如此，我才堅持他們一定要認真尋找自己感興趣的研究課題。

當我給了任務之後，學生的反應可謂「憂喜參半」，喜的是可以研究自己感興趣的課題，憂的是根本不知從何下手。這時，我再次用對話交流的形式協助他們。每個學生對想研究的課題都有模糊的概念，但是由於知識的限制，沒辦法用語言具體表達。在這個階段，**對話交流能有效幫助他們將含混不清的想法具體化**。這時我仍然扮演聽眾的角色，努力理解學生說不清楚卻又努力想表達的內容。

我在研究上的經驗比學生多，因此當我聽他們含混不清的表達時，可以大致掌握他們想表達的內容。即便如此，我還是不會直接將我的想法告訴他們，而是不斷給一些小提示，鼓勵他們自己去發現。

具體來說，我會推薦他們查閱一些能幫他們更深刻理解的相關文獻。他們的腦袋裡已經有些模糊的想法，所以讀起文獻時充滿了熱情和求知欲。這樣一來，學生也會逐步加深對研究題目的問題意識。在學生能具體找到研究題目之前，要不停重複這個過程：跟老師交流，查文獻，再與老師交流。雖然要耗費很長的時間，但是透過這個途徑，他們可以找到自己的研究題目，培養問題意識，也在實踐中鍛鍊了思考力，可說是一舉多得。

在公司的企畫會議上，對話交流也非常重要。**打造出重視對話交流的氛圍，能夠使與會人員形成問題意識，更容易發掘出新點子。**想像一下，公司的新員工個個初生之犢不怕虎，在會議上踴躍提問，經歷過大風大浪的領導者則是側耳傾聽，這樣的會議一定會感染全部與會人員，進而創造出全員參與、從不同角度討論相同話題的氛圍。

獨自一人思考問題時，不妨試試跟自己對話。對話時，將腦袋裡浮現的疑問一個個寫到筆記本上，再根據這些問題閱讀相關文獻，進行查詢。透過反覆與自己對話，反覆查詢資料，在這個不斷深化問題的過程中，一定會愈來愈接近問題的核心。

掌握發現問題的能力，祕密就在於：反覆與他人和自己對話，進而愈來愈接近問題的核心。

不經意的思考中，藏著重大問題的種子

不只有學術界要面對問題，日常生活中要思考的問題更是不計其數。

比方說，蘋果從樹上掉下來，是經常看得到的景象，但是沒有人對這種司空見慣的事抱有疑問，更別說質疑其中可能隱藏的重大問題。然而，眾所周知，牛頓就是看到蘋果從樹上掉落，提出了「萬物互相吸引」的假說，進而發現了萬有引力定律。

雖然不知道是真是假，但這個故事卻說明了：身邊司空見慣的現象，有時埋藏著不可思議的種子。

在我們生活的這個世界中，還有許多沒被揭開的謎底，不計其數的問題

還沒被發現。有些問題有許多似是而非的答案，有的卻是不管怎樣都說不通，絞盡腦汁也想不明白。就拿蘋果從樹上掉落來說，一般人不會覺得這種再平常不過的現象有何不妥，不會去質疑。人生也是如此，盡是這種看起來不像問題的問題。

生活中，我們身邊充滿了這些算不上問題的問題，有時也許只是模糊的想法，但在這樣的想法上，負責思考的器官——大腦不會休息，**我們總是在無意識中思考著。**

也許我們正在思考接下來的午餐要吃什麼，把菜單在腦中全順過一遍，想得很仔細；也可能突然想到早上看到的某篇新聞報導，覺得好像哪裡說不通，在腦子裡打上問號；或者無意中想起昨天在辦公室跟同事發生了不愉快……。在這些思考之中，都可能埋藏著重大問題的種子。

然而，這類思考大多數都像碎片一樣難以拼湊，最終就像斷了線的風箏，在遺忘的彼岸靜悄悄地消失了。實際上它們並沒有全部消失，因為每個

■ 問題的種子來自於這些地方

人都有突然意識到自己在思考的瞬間：

「哦，原來我一直在思考這件事！」

大家一定都有這樣的體驗，那就是意識到自己在思考時，思考的內容不再是碎片，而是相對完整的形態。**這些想法剛開始都來自當事人對「在意的事」、「看起來很有趣的事」，和「不明所以的事」的一種感覺**，因此，請不要對這些感覺置之不理，畢竟其中很可能埋藏著問題的種子。

你想研究和解決的問題，往往包含在這些一閃而過的念頭之中。為了避免這些念頭像風箏一樣在腦海中飄走，最後被遺忘，必須將風箏的線牢牢地握在手中。

抓住這條線的**訣竅，在於自覺地意識到「我一直在思考些什麼」，進而養成習慣，在無意識中打撈問題的種子，並對該問題進行明確、有意識的思考。**

為了做到這一點，不妨隨身攜帶一本可以裝進口袋裡的筆記本，將想到的事隨時隨地記錄下來。當然，你也可以利用智慧型手機的筆記功能。

記錄下來的問題中，有些可以馬上解決，有些可能只是一些禁不起推敲的聯想。然而，下意識地重複這個過程，可以促進你和自己的對話，將思考變成習慣。筆記本上記錄的東西，對培養和發現新想法具有非常重要的作用，也可以將含混不清的疑問，轉化成實際思考的內容。

別擱置問題，現在就思考

在生活中，我們的思考千頭萬緒，透過及時記錄在隨身筆記本上這個小動作，可以讓思考變得更明確。然而，這顯然還是不夠，因為一旦遇到真正的難題，我們一般都會放任不理，任其自生自滅。

其中一個原因是：我們沒辦法跳脫同一種思考模式，導致思考最終進入死胡同。

例如，有家商店的生意不好，老闆在思考如何提高銷售額時，腦子裡忽然閃過幾個不錯的想法。可是，這些想法都需要投入必要的資金和人力才能實現。那麼，在資金和人力都不充足的情況下怎麼辦？想來想去，老闆還是想不出不需要資金就能解決當前困境的辦法。這樣的例子非常普遍，由於思考進入死胡同並不是件愉快的事，所以在絞盡腦汁之後，人們普遍選擇擱置問題：「到時候再說吧！」

請等一下。

人們往往想不起來曾經一閃而過的想法。每個人都有這樣的經歷：「曾幾何時，我也有過令人讚嘆的好點子。到底是什麼呢？為什麼之後怎麼想都想不起來？」我們總認為可以把思考的內容密封在記憶的某處，只可惜事後往往記不得「某處」到底在何處，絞盡腦汁也只會徒增煩惱。

為什麼你無論如何也得不出結論？很可能是因為在內心深處，你深信這個問題早晚會解決，所以下意識地傾向於將問題擱置到將來，可是區別就在於早或晚。我建議你在擱置這個問題之前，強迫自己思考這個問題，哪怕只是想一點點也好，**重要的是把「將來」變成「當下」**。

請下意識地往前走一步。**在思考進入死胡同時，最重要的是意識到自己為什麼思考，以及思考的是什麼**。在死胡同的盡頭問問自己：「我原本是因為什麼而思考的？」進而調轉方向，回到最初的起點重新思考。

回到出發點眺望終點，通向終點的路徑通常會變得顯而易見。弄清楚出發的方向，思考就會變得事半功倍。即便看不清通向終點的路徑，也絕不能像無頭蒼蠅一樣到處亂撞，要往心中認為最接近目標的方向前進，讓思考向前，哪怕只邁出半步也沒關係。如果你心裡有非常明確的目標，思考就能向著目標前進。

關鍵在於，在反覆思考的過程中，你會愈來愈接近問題的核心。在腦汁瀕臨榨乾之際，解決問題的辦法很可能就會浮出水面。

我們接著來談思考時的心理狀態。

明確找出哪裡不清楚

「不清楚」這一句話，可能成為思考的動力，也可能成為思考的障礙。如果沒有深刻探討問題的本質，單純用一句「不清楚」帶過，很可能會喪失一次直接面對問題的寶貴機會。話說回來，某個問題真的就該被歸在「不清楚」的範疇中嗎？

根據問題的性質和思考的階段，可以將「不清楚」分為以下三種情況：

- **不了解事實**
- **不知道答案**
- **不確定哪裡不清楚**

這三種不同的「不清楚」，衍生出三種不同的解決方法，因此在遇到「不清楚」的問題時，請慎重考慮到底是哪一種情況。

第一種：**不了解事實**。

這種情況指的是，問題其實已經有明確答案，我們也認為這個答案存在於某個地方。在這種情況下，「不清楚」的解決方法，就是去調查。你可以跟了解這個問題的人交談，也可以查詢相關的圖書和文獻，或者直接上網。如果透過以上方法，你都沒有找到答案，就得好好想一想，到底問誰才能搞清楚。總而言之，**透過調查，一定能解決這類問題**。這跟為了考試而學習，以及資格考試中要求的學習能力屬於同一類，透過執行力就可以解決。

第二種：**不知道答案**。

這種情況指的是，你已經知道應該思考什麼，也已經在思考中，卻一直找不到明確的答案。或者說，這種「不清楚」指的是，你還不確定該問題是否有相應的答案。這時，你只能透過不斷思考來接近問題的本質。

舉例來說，在學術界，數學問題大多數是這種情況。原因在於，數學問題本身有很強的縝密性和公式化，因此大多數等待解答的問題都比較明確。這種情況下，就要**分解疑難問題的各個要素，進而各個擊破**。

第三種：**不確定哪裡不清楚**。

這種情況指的是，直覺告訴你某件事或某個現象中一定存在著問題，然而你卻不確定自己哪裡不明白。如果平時沒養成思考的習慣，就會經常在這個環節卡住，日常生活中最常出現這種情況。

比如工作時，突然無法理解同事提出來的企畫案或新點子；閱讀自己一直很感興趣的新聞或者新發現時，突然覺得這篇報導有種說不上來的奇

■「不清楚」的三種情況

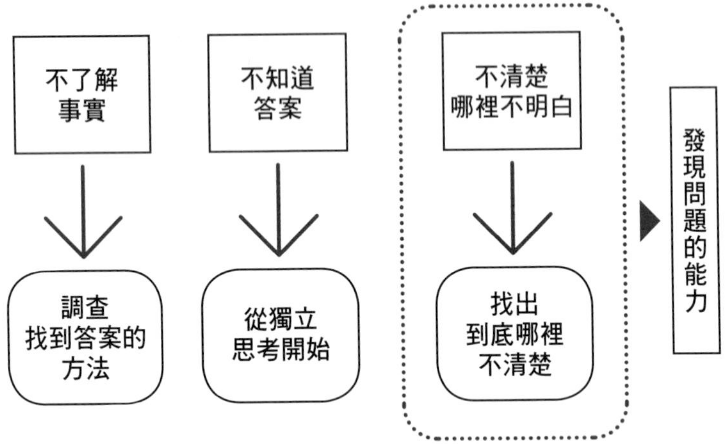

怪……。在這種情況下，人們大多不會跟隨自己的直覺認真思考，會覺得思考力沒辦法觸及到問題，結果問題反而被忽略了。結果問題反而被忽略了。人們嘴上說著「怎麼這麼難啊」、「真是搞不清楚」，然後將問題無限期地放任不管。然而，在這種時刻，你正好處於憑直覺「意識到問題」的狀態中。

如果能解決這時意識到的問題，或許就能催生出研究上的新想法，或開發出在市場上熱賣的商品。換句話說，憑直覺意識到的問題，有可能成為你在研究或企畫過程中最關鍵的提示。「這個企畫案看起來似乎很完美，但我就是感覺有些不足，又說不上來。」如果能將這種「說不上來」的感覺明確化、意識化，就可以看到解決問題的路徑。如果不及時思考一個潛在的好問題，而是選擇擱置到忘記，那就太可惜了。

事實上，**這種明確意識到自己哪裡不清楚的過程，才是「發現問題的能力」的核心**。

與學生討論時，我發現他們經常會處於這種狀態。「直覺告訴我，這個問題應該非常有意思，但我就是無法用語言來表達到底哪裡不清楚。」

這時，學生也許已經下意識抓住了一些新點子，卻無法用語言完整準確地表達。老實說，這是發現問題的最佳時機，因此我會問他們：「你想了解的事情到底是什麼？」要讓問題更明確，對話交流可以給學生很大的幫助和啟發。如果對話進行得非常順利，他們就有可能準確意識到自己想解決的問題，就可以往解決問題的方向努力了。

在聆聽學生的談話時，要特別注意：在他們準確表達出想表達的事情之前，老師不要給自己的意見。如果你給了意見，他們就有可能受到你的影響。正確的做法是，一邊仔細傾聽，一邊努力理解他們想表達的內容，並適當地給出一些啟發性的提問，譬如：「這麼理解對嗎？」、「如果換句話說呢？」透過啟發性的對話，可以讓學生模糊的想法更明確、更具體，進而努力讓想法在腦中愈來愈成熟。

雖然相當花時間，但是在重複這類對話的過程中，學生從「不確定到底哪裡不清楚」轉變成「就是這裡不清楚」，明確意識到「直覺一直給我提示，讓我了解自己真正的想法」。

對話可以引發個人的想法，也有助於想法的提升和飛躍。為了讓對話發揮更大效用，我要求每個學生都要帶「對話專用筆記本」。和我面對面交流之前，我希望他們事先思考今天要討論的話題，透過這種思考提高問題意識，為了從「不確定哪裡不清楚」轉變為「就是這裡不清楚」，做好充分準備。透過對話，學生的筆記愈來愈充實，問題也愈來愈明朗。結束談話時，學生已經可以在這本筆記上找到論文研究的整體架構了。

同樣的方法也被廣泛應用於企業的企畫會議中。想像一下，當新員工在企畫會議上提出一些還沒成型的想法時，如果上司毫不留情斥責「根本聽不懂你在說什麼」，其他員工想必也會噤若寒蟬。如果大家只是默不作聲算是還好，最可怕的是所有人停止了發言，也停止了思考！

但是，在同樣的狀況下，如果上司對新員工進行有意識的引導，狀況就會大不相同。「你說的是不是這個意思？」在新員工得到啟發，最終還提出具體的想法時，再鼓勵他：「你的點子實在是太好了！」想必這個員工以後的工作熱情會更加高漲，極有可能提出非常成熟的企畫案。

透過創造自由對話的氛圍，讓所有成員動起來，大家各抒己見，也會大幅提升問題意識。這個道理，用在成人和孩子對話時也一樣。

總括來說，**發現問題的能力就是：從「不清楚」的茫然狀態，過渡到**

「已經理解問題所在，只是還沒找到答案」的狀態。

一旦弄清楚哪裡不明白，就知道問題或課題是什麼了。在這個基礎上，只要查資料或者詢問相關人士，大部分問題就會迎刃而解。

我研究的物理學也是這樣。我經常會看到一些自己非常感興趣的物理現象，卻不能將肉眼看到的所有物理現象一一記錄下來。為什麼呢？因為物理現象在不同的前提條件和狀況下會產生不同的變化，沒有規則可循，思考起來過於複雜。這個時候，最重要的技巧就是，**透過肉眼所見的現象，看到問題的本質**。

這種能力就是「提煉本質的能力」。提煉出本質之後，就可以捨棄所有次要現象，進而創造出一個最基本、最簡單、最利於思考的模型，讓人們可以透過模型理解那個物理現象的本質。

總而言之，「不清楚」不應該是思考的絆腳石，弄清楚自己到底哪裡不明白，在前進的道路上是非常重要的任務。

記錄一閃而過的念頭

有時雖然意識到自己處於「不確定哪裡不清楚」的狀態，卻沒有時間繼續思考，又或者已經發現了問題，但是一時之間還給不出答案，在這種情況下，我建議立刻將想法寫在筆記上。

很多時候，「以後再想」的問題，最後卻怎樣也想不起來。因此，**為了將「以後再想」轉變為「找機會解決」，就要寫筆記，以便有機會重新審視問題時，及時想起問題的內容**。

筆記還有許多效用，例如：當我們之後重新審視問題時，不用費力就可以想到解決問題的方法，這種情況比想像中還常見。

此外，在不斷重複記錄小問題的過程中，有可能發現一些意想不到的大問題。因此，**在筆記本上有技巧地記錄小問題**，是通向重大發現不可或缺的一步。

大小剛好可裝進口袋的筆記本最好，不管走到哪裡都可以隨身攜帶。最好不要選擇太大的筆記本，我建議將平時使用的行事曆中的一部分，用來記筆記。這樣的話，每次打開行事曆，翻看日期和行程安排時，就會順便看到筆記，有助於喚起記憶。而且，透過反覆翻看記事本，可以集中意識對記錄的問題進行思考。當然，使用智慧型手機的筆記功能或許更方便。

記錄問題時，請務必簡潔。如果記錄問題的文字很多，讀起來就容易分神。訣竅在於：只記錄當下剛想到的想法的重點，比如，只記錄關鍵字、關鍵數字這些要點，筆記的內容就會精簡許多，文字長度以二到三行為宜。在精簡記錄內容的過程中，大腦會進行初步的資訊處理。從這個角度來看，思考已經前進一步，同時更方便記憶。

接下來，**在問題已經解決，或是問題不再重要時，要將相關筆記全部丟棄**。可以用修正液塗白，也可以直接撕下那幾頁筆記丟掉。也許你會覺得把心血就這麼丟掉很可惜，但這樣做是有意義的，刪除已解決問題的全部資訊，說明你在剩下的問題上會更加集中精力（刪除資訊時，用智慧型手機或電腦的筆記功能更方便）。最重要的一點是，**養成反覆閱讀筆記的習慣**。

筆記的記錄和管理方法，後面的章節中會詳細解說。總之，用來回憶並繼續思考放了一段時間的問題，且提高問題意識，筆記是非常出色的一種工具。

你的筆記本上一直沒被撕掉的問題，才是真正具有思考、研究和解決價值的問題。

〔資訊蒐集方法①〕
蒐集資訊的目的，不在於尋找答案

想要發現問題，最重要的就在於：要從「不確定哪裡不清楚」的狀態，過渡到「問題已經明確，只是還沒有答案」的狀態。有時候，思考雖然在某種程度上前進了一些，不明白的部分卻依舊不明朗，這大多數是陷入了「不確定哪裡不清楚，不知道該如何理解才好」的狀態。

要怎樣做，才能跳出這種狀態呢？

盡可能多蒐集相關的資訊和例子，確定自己還不清楚的部分，以及思考如何揭開問題的謎底。這樣，「不清楚」的問題，就會像撥雲見日一樣，逐漸清晰起來。

以自然科學研究為例，蒐集資訊和例子就是閱讀相關的論文和文獻。一開始就非常確定自己的研究想法，這種情況少之又少。一般來說，研究都是從「如果能做到這樣就好了」，這種近似於憧憬的狀態出發的，之後再針對模糊的想法和疑問，找一些相關的文獻和論文，盡可能蒐集所有資訊，然後一點一點閱讀、研究。

看似相關的知識進入大腦之後，大腦會整理資訊，加深對問題本身（包括已經明白和尚未清楚的部分）的理解。透過深化這個過程，我們憧憬的目標就會具體化，可以慢慢接近目標。明確地意識到這個轉變之後，基本上已經完成了對問題本質的理解，這就是從「不清楚」過渡到「知道是哪裡不清楚」。

在大多數人的印象中，天才是那種不用思考，靈感就「啪」的一下子在腦中閃現的人。然而，我接觸過許多被稱作天才的人，這些人毫無例外，都會在蒐集、整理和理解資訊方面下苦功。他們平常透過有意識地訓練大腦，比平常人更能迅速和準確地看透事物的本質。實際上，這並非天才的專利，不論是誰，只要透過努力進行相關的訓練都可以具備這種能力。

然而，在蒐集和鑽研資訊時要注意：目的並不是尋找答案。如果你在查閱相關資訊的過程中，「不小心」發現了答案，這個問題就可以到此為止，沒有繼續下去的必要了。因為這種情況根本不屬於之前說的「不清楚」的第三種情況，而屬於第一種：不了解事實。

這種**透過查詢相關資訊就能輕易找到答案的問題，屬於「已經被探知」的範疇，只是你之前不了解相關事實而已**。尋找這樣的知識和資訊，屬於之前討論過的執行力。透過資訊蒐集就可以解決的問題，與新的發現和創新無關，因此也不會是你真正想克服的問題。

假設你被委託負責一大塊建築用地的再開發工程，客戶希望你能設計出目前世界上不存在、完全創新的街區。這時候，「如何設計和構思」理所當然就成了你的問題了。

不用說，為了完成自己的構想，你要查閱許多相關資訊。但是，你查詢到的資訊一定都是過去已經完成的方案，或是某個設計師的構想。雖然這些資訊可以給你一些啟示，但顯然地，你不該從這些資訊中尋找答案。

確實，你可以從過去已經被其他設計師完成的方案中，挑出成功率較高的案例，稍加潤色後，再加上附加價值，來區分你的作品與之前已存在的他人作品，這類做法在現實中不勝枚舉。這屬於我們在「課前暖身」中提到的執行力，但是透過這種方法不可能達到創新。

如果你想尋找新的答案，就不應該吸收這些資訊，而要將它們統統歸到被排除的範圍。就算是選擇性吸收，也只是因為該資訊具有很強的補強作用，只能把這些資訊當作找到新答案的一點啟發。

綜上所述，**蒐集資訊的目的，在於確認這些問題已經被人發現或者被人證實，了解它們不再具有獨創性，進而捨棄掉這些問題，找出還沒有人接觸過的新的可能性。**

因此，**請注意，蒐集資訊的目的不在於尋求答案。**在資訊高速發達的社會，將會變得愈來愈重要。精通電子工具的人，現在只要上網，就可以輕而易舉蒐集到大量資訊，因此，人們得到所謂「資訊焦慮」，甚至「資訊中毒」的例子也愈來愈多。但是，一味吸收人盡皆知的普通資訊，不會催生出任何新想法。如果滿足於這些普通的資訊，大腦的思考和判斷能力就會一步步退化。舉例來說，我們在時尚雜誌上常會看到「最新款式！今夏最潮！」的宣傳文案，慢慢地就會發現，那款服裝在那年夏天變成了年輕人爭相穿著的「芭樂款」。因為大家都接受了同一則資訊，同樣的心理效應讓所有人喪失獨立思考和判斷的能力，最終變得很被動。

同時，當你在搜尋引擎以及社群網站不斷搜尋相關資訊時，很容易就會迷失，忘記了自己本來要搜尋什麼。這種狀態一旦持續下去，感覺就像藥物中毒：你追求的不再是資訊本身，而是強烈的刺激感。

一旦資訊中毒，就容易聽信一些偏激的資訊，還有可能被社交網站上真偽不明的資訊玩弄於股掌之間，成為愚昧無知的代言人。產生這種現象的原因在於，人們盲目接受上網搜尋到的資訊，不用大腦做分析，只是簡單地利用資訊。

這與本書提倡的資訊蒐集方法完全不同。

為了思考而進行的資訊蒐集，是確認某個問題是否已經被提出或解決的一種手段。蒐集資訊並非為了尋找靈感的種子，而是為了整理和確認目前為止有哪些問題已經被世人發現。帶著這種態度蒐集資訊，就能清楚理解：別人還沒發現的問題，就是你一直在尋找和等待處理的問題。

有價值的發明和創造，都是從「這是沒人思考過的新問題」的勇氣中產生的。重新解決一個已被解決的難題，或者在資訊汪洋中尋找答案，對於提高執行力來說，或許是非常有效的訓練，然而絕對不會帶領你發現任何新藍海。

為了明確分析哪些問題已經被人接觸甚至解決，要進行大量的資訊蒐集和整理工作。透過這項工作，還沒有人關注過的問題就有可能浮出水面。

真正的創意，來自於全面而徹底地蒐集、分析和整理資訊。

〔資訊蒐集方法②〕

區分客觀事實與他人經驗

網路上提供各種方法的體驗文，似乎愈來愈受到大眾追捧，甚至被視作珍寶。這些體驗文多數以「○○完全攻略」、「○○的技巧」、「○○對策」等形式出現，作者透過對已得到解答的案例進行解說，向讀者介紹做某些事的方法和步驟。

這類資訊中也會大篇幅提到思考的方法和做法，乍看之下很有道理，似乎馬上就可以依樣畫葫蘆實踐。最近也有許多學生會依賴網路，尋找研究課題的解決方法，甚至直接搜尋解答方法。

然而，網路上這些解答方法，卻禁不起實際的檢驗：只要稍微留心，就會發現這些解答的品質一般都很低劣，不僅理論不合邏輯，排版也錯誤連連。學生不經過思考，單純用網路內容複製貼上後完成的報告，老師一眼就可以看出來。那些與體驗文性質相同的資訊，內容大多與充滿噱頭的題目不符，絕大多數的品質也讓人不敢恭維，不足以採信。

我上網時，基本上會完全過濾掉講經驗和方法這類資訊。由於這類資訊明顯帶有作者的個人意圖，所以一看到這類資訊，就容易陷入作者介紹的方法之中，進而忽略其他方法的可行性。簡單地說，這類資訊不會給你獨創性。

我們應該重視的，是還沒加上作者任何個人意圖的部分，也就是事實。或者說，我們應該重視為了蒐集事實而主動查詢的相關文獻，這樣就可以很快掌握事實整體的輪廓。

客觀事實是最好的資訊來源。網路做為蒐集事實的一種方式，是非常寶貴的資訊來源。

然而，他人的祕訣和攻略卻不屬於這個範圍。也許在別人的經驗上面多花一點心思，就可以找到更好的解決方法。然而，在思考那些還沒人嘗試過的新的可能性時，參照已經存在的他人經驗，是最不明智的選擇。別人的經驗和方法，反而會妨礙自己形成創造性的想法。

因此，利用網路蒐集事實時，千萬要注意，必須嚴格區分客觀事實和不能辨別真偽的方法。我們要重視的是客觀事實，而具有跨世紀意義的偉大想法，大多數都不可能從既存的經驗和方法中產生。總的來說，**在客觀事實的基礎上，在大腦中研究出專屬於自己的經驗和方法，才是解決問題的王道。**

說到這裡，可能有人會感到不安：「我怎麼知道自己想出來的解決辦法，是最有效率的辦法？說不定別人有更有效率的辦法！」這麼說確實沒

■ 正確利用網路的方法

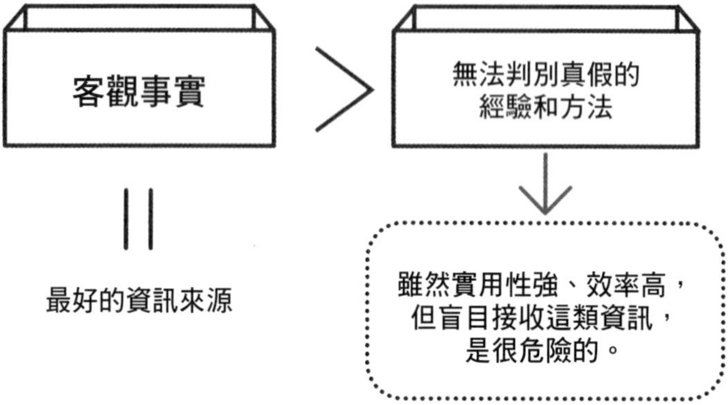
客觀事實
最好的資訊來源
無法判別真假的
經驗和方法
雖然實用性強、效率高，
但盲目接收這類資訊，
是很危險的。

錯，然而，對別人來說效率高的辦法，對你來說不一定適用。不僅如此，不合適的辦法還有可能拉低你的效率。

反之，自己想出來的解決辦法，雖然在他人眼中似乎毫無效率可言，但是自己用起來卻得心應手。實際上，許多人透過自己獨特的辦法，更早到達終點。在愈具有創造性的工作中，這種傾向就愈明顯。

成就大事的人，都是透過獨立思考，用自己量身打造的方法來解決問題，也就是我們說的「客製化」。一般來說，這些客製化的方法都十分獨特，即便別人想要模仿，大多學不到精髓，只是東施效顰。因此，這些成功人士的生活方式，在他人眼中都是與眾不同。

那些在發明創造上成果豐碩的科學家，總是喜歡說「在回答『做不到』之前，不妨先做做看」。這句話提醒了我們：在不完全了解事實的前提下，容易掉入「本來或許能力可及，卻認為自己做不到」的心理陷阱中。

另一方面，雖然我們當下認為有些事沒辦法解決，然而在開始並且反覆嘗試的過程中，也許會獲得一些意外的、思考事物的新方法，之後經過時間累積，最終成功解決了問題，這樣的例子也很多；我在研究生涯中，切身體會過許多次。對待某個研究課題，一開始總覺得毫無頭緒，無從下手，然而後來透過重複嘗試，累積失敗的經驗並及時總結出改善的方法，幾年之後，問題竟然迎刃而解了。在解決研究課題之後，回顧來時路，不由得感慨：其實大多數問題都屬於常規問題，並不是特別困難的問題。

但是，如果一開始沒有頭緒就選擇放棄，又會怎樣呢？放棄了，問題就真的無法解決了。這樣想來，「在回答『做不到』之前不妨先做做看」這句話，也可以解釋為：請不要限制你的可能性。這類經驗並不是我們研究人員的專利，大部分白手起家的企業家想必也感同身受。

當新事物向我們發起挑戰時，有些人會很快舉白旗投降：「不行，我沒辦法做這件事。」出人意料的是，在這些投降的人當中，有很大比例是那些普遍被認為很優秀的人。由於這種人了解大家一直以來做事的方法以及界限，因此更善於用自己累積的知識進行常識性的判斷，而不是用人生經驗來做判斷。

這種類型的人不願意冒險，喜歡解決一些利用現有知識就可以漂亮完成的課題，當然這也是一種生活方式。事實上，社會上的許多工作都屬於這個範疇：只要熟練地運用工作中已經累積的經驗和方法，就可以把工作做得很到位。但是，這樣的工作永遠不會有突破。常識只不過是特定環境下人們做出的判斷而已，我們不能被常識束縛，而要有向前踏出一步的勇氣。

當然，有些人可能認為自己不能失敗。雖然誰也不能保證不會失敗，但是最起碼可以將風險最小化。如何將風險最小化？就要在開始做事之前徹底調查事實。不調查事實就盲目冒險，就是有勇無謀。**透過徹底調查事實，將風險最小化，也可以發掘新的可能性。**

同時，在徹底調查事實以及分析事實的過程中，要注意的是：一直以來常識性的做法，有可能並不合理。隨著更深入的分析，你必然會發現被周圍的人當作風險的部分，進而有意識地規避這些風險。但即便如此，失敗的風險依然存在。因此，最終要憑直覺來決定到底要不要做這件事。一般來說，以我的經驗來看，如果準備工作已經就緒，做了都會成功。

〔資訊蒐集方法③〕

丟掉已經消化過的資訊

我們來談資訊處理的精髓，我認為在**分析、整理好蒐集到的資訊之後，應該將原始資料全部丟掉。**

在過去，蒐集資訊會花費大量的時間和財力，然而現今相對容易多了。透過論文、書籍、雜誌、新聞報導、網路等各種媒介，不必花太多功夫，就能大量蒐集到你感興趣的相關資訊。

然而，如果只是把這些資訊存在電腦的硬碟裡，或是堆在桌子上，這些資訊就沒有存在的意義了，即便只是粗略地瀏覽資訊也不夠。大腦如果在似懂非懂的狀況下停止資訊整理工作，無異於浪費時間。你必須將蒐集到的資訊一條一條認真閱讀並且研究，直到完全理解為止。

針對研究課題，我閱讀過大量相關論文和文獻，在研究這些資訊的過程中，我一直履行同一個原則：「不讓資訊在手邊堆積」。沒錯，我會當場丟棄已經完全理解並消化的資訊。有些讀者可能會感到吃驚，覺得可惜，然而我確實一直秉持著這個原則，得到的感觸也頗深。這種方法有兩大優勢。

第一個，同時也是最重要的優勢，在於：**丟棄已經被消化的訊息，可以清空大腦，更能集中思考等待處理的每條資訊。**

丟棄資訊這個方法，來自於我在高中準備考大學，背英文單字的時候。當時市面上有賣一種卡片，做為幫助考生記住大量英文單字的工具，搭配有過濾功能的色筆，特點在於，一旦你記住了某個單字，這個單字就不會再出現了。我在利用這種卡片背單字時，突然想到「記住了就撕掉」的方法，也付諸實踐。我驚喜地發現，伴隨而來的緊張感，使我集中精力，也比以前更快速地記憶。

它的操作方法其實非常簡單。以「記住一百個英文單字」為例，首先在一百張卡片的正面寫上英文，在背面寫上翻譯，然後整理卡片，準備一個個記住單字。到此為止，我的做法都與普遍的做法相同。之後開始一張張地記單字，有些單字之前就知道，還有一些單字看過一次就可以記住，因此，確定已經牢記後，我會把這些卡片抽出來，當場撕掉，丟到垃圾桶。接著，我把剩下的卡片整理一下，從頭再來，確認並記憶。有些單字看過兩遍就記得住，再把這些卡片抽出來撕毀，當場扔掉。

■處理資訊的重點

第1步	第2步	第3步
蒐集資訊	理解資訊	丟棄訊息

仔細研讀蒐集到的資訊，了解重點後就馬上丟棄。

透過不斷重複這項練習，剩下的卡片會愈來愈少。剩下的單字都是非常難記的，將剩下的卡片反覆地看、反覆地記憶，由於卡片的數量很少，因此可以更集中意識在剩下的單字上。這樣一來，即便是再難的單字，記起來也不那麼費力了。

當然，在實踐這個方法的過程中，每個人的體會可能稍有不同，但是整體來講，透過這個方法，可以有效利用上班和上學路上有限的時間，高效率地記住英文單字。

如果你對於丟棄資訊會感到不安

或惋惜，也可以選擇將已經記住的單字卡片放到其他地方，最重要的是要將意識全部集中在剩下那些還沒記住的單字卡片上。一開始也可以選擇將單字寫到紙上進行記憶，但是一旦習慣了這種用卡片訓練記單字的方法，當你再看到卡片時，就會不自覺地聯想到你記過的那些單字。

順帶一提，利用這種方法時，也可以用電腦、智慧型手機或者平板電腦代替卡片。首先，列出需要記憶的單字，將每一百個單字分為一組。每一行只放一個單字，左邊是英文，右邊是翻譯。這樣當我們從上面開始往下讀時，蓋住右邊只看左邊，就可以檢驗自己是否記住了英文單字的意思，反之，蓋住左邊只看右邊，就可以訓練單字拼寫。在反覆的練習過程中，可以一個個刪除已經記住的單字，然後集中精力記剩下的單字，這樣的方法同樣很有效。

這就是為什麼我提倡在蒐集資訊時採取丟棄的方式，道理和背單字一樣。丟掉已經理解的資訊，只把必要的資訊留在手邊，在研究資訊和理解資訊時，精神就會更加集中，還可以非常有效率地把已經理解的資訊整理後儲存在大腦裡。

其中的關鍵就在於，理解資訊之後馬上丟棄。沒錯，不要猶豫，馬上丟棄。

如果所有資訊都放在手邊，就等於一百張單字卡片一張不少，每次都要從第一個單字開始背。這樣一來，即便是已經記住的單字，還是會免不了看到，於是，精力就被這些單字分散了一部分，而沒記住的單字就變得愈來愈難記。因此，將已經整理和分析完畢的資訊逐條處理掉，就可以更集中精力來對付那些遺留下來、還沒有被理解的資訊。這不僅有利於記憶儲存，也有助於大腦整理資訊。

這個方法的第二個優勢在於：**將「理解資訊後馬上丟棄」做為原則，不理解的部分相對會變得非常明確。**

在不斷丟棄已經理解的資訊時，手頭剩下的要不是目前還未理解的資訊，就是還需要一點時間思考的資訊。當然，這些資訊也不會永遠留在身邊，經過大量閱讀和研究後，總有一天也會變成被理解的資訊，然後同樣被丟棄。在重複這項練習的過程中，我們可以將精力集中在剩下的那些不清楚的資訊上。這樣一來，就可以逐漸接近問題的核心。

讀到這裡，也許你會說：「如果丟掉的資訊以後還會用到怎麼辦？」許多人或許都有這樣的不安。

根據經驗，我可以非常肯定地回答你：「不用擔心。」現今查詢資訊的手段和媒介非常多樣，如果你要再次查詢同樣的資訊，還是找得到。我想強調的是，**比起再次搜尋同樣的資訊，持續堆積大量資訊，造成我們無法集中精力，這樣更麻煩**。

也許你會說：「無論如何，我都做不到這一點。」實際上，你完全做得到。說「做不到」的那些人，可能更傾向於累積資訊又不深入研究，以致於經常與重要的資訊失之交臂。若是按照我說的方法，保證大多數的人會被這個方法的優勢折服，這個方法也沒有任何副作用。

請丟掉你已經消化過的資訊，連電子工具上的書籤也一併清除。

對於丟棄資訊，如果你的心理上還是很排斥，建議你準備兩個不同的資料夾。一個是原始資料夾，一個是原始資料夾的複製資料夾。平時你可以使用複製資料夾，然後丟掉已經理解的資訊，原始資料夾則用來長期留存必要的資訊。單字卡片也是如此，你可以將卡片存放在別的地方，日後複習時也許還用得到。

資訊不是用來累積，而是用來活用的。我之所以提倡丟掉那些已經理解、不需要的資訊，主要是為了讓你手邊只留下有用的資訊，讓意識更集中在剩下的重要資訊上。

〔資訊蒐集方法④〕完全理解之前，務必集中精力研讀

丟棄蒐集到的資訊之前，一定要仔細閱讀和深入理解資訊，從某種程度上來說，集中精力研讀資料是非常有必要的。

利用網路蒐集資訊時，有些人傾向盲目蒐集並大量保存。確實，電子資料不會因為你加了更多資料，而變得體積更龐大，甚至變重，但是蒐集資訊卻不讀的話，和你在書桌上堆了大量資料卻置之不理，本質上是一樣的。

還有一點，如果只蒐集資料不及時閱讀，很有可能留存了一些重複的資訊。在這個過程中，也會忽略了區分經驗和事實，導致對問題核心相關資訊不夠敏感，不能在蒐集資訊的過程中及時捕捉到關鍵點。如果是這樣的話，蒐集資訊這件事根本毫無效率可言。

開始蒐集資訊後，要規畫一些時間，定期研讀蒐集到的資料，哪怕只有十分鐘或十五分鐘也好。即便時間不長，也要確保自己有定期研讀和整理資訊。你可以利用上班的通勤時間，或是午餐後的休息時間，只要按照自己的生活方式，養成研讀資料的習慣就好。讀資料時，務必集中精力，暫時擱置

■蒐集資訊的過程中，研讀非常重要

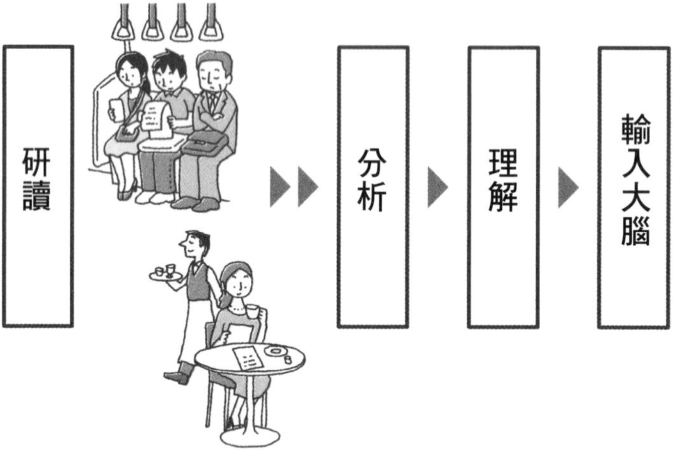

其他事情。如果你僅僅蒐集了資訊，而不對資訊進行研讀、分析、理解，以及最後輸入你的大腦，蒐集資訊就沒有任何意義。

「十分鐘的時間，怎麼可能看完蒐集的資料，只能看一點點，還有很多看不完！」有這種想法的朋友，想必花在蒐集資料的心力太多了。不如減少一點蒐集資料的時間，多花時間研讀資料。最好能掌握蒐集資料和丟棄資料之間的平衡。

腳踏實地重複這項練習，一定

會提升閱讀速度，蒐集資訊也會變得更有效率。隨著對資訊的研讀、分析和理解，你會更明瞭接下來應該著重於搜尋哪些資料。當然，這也可以有效防止無意中重複蒐集類似的資料。

研讀已蒐集的資訊，比蒐集資訊更重要。蒐集一定的資料之後，就要集中精力研讀。完全理解資料的內容之後，也會加深記憶，這時可以選擇將資訊處理掉或是暫時儲存。

如果你選擇暫時保存某些資料，要注意：只保留那些還想再次研讀的資訊，不需要的資料可全部丟棄。

用自己的話寫筆記

隨著蒐集資訊和整理愈來愈有效率，自然就對自己感興趣的話題更有洞察力了。換句話說，需要你思考的問題核心，會一點一點浮出水面，這時就要將精力全部集中在問題的核心上。

在這個過程中，有時會碰到一些想要保存、絕不想丟掉的資料，這些資料通常具備以下特徵：

- **雖然已經理解，但還有疑問。**
- **目前憑自己的知識還不能完全理解，但直覺告訴你該資料包含了非常重要的論點。**
- **每次閱讀都會有新的感受。**
- **資料中包含一些非常不容易記住的數字和計算公式，與問題的核心有很深的關聯。**

不丟掉這類資料也沒關係，你可以妥善保存。

但問題來了，如果將這些資料全部原封不動保存下來，加上接下來要挑戰的資料，整個人恐怕都會被埋在資料堆裡頭。資料過多的話，一旦想要快速地在資料中找出某個要點，就如大海撈針一樣困難。因此，我建議只將意義重大的資訊，記錄保存在筆記本上。

寫筆記也是有訣竅的。首先，請找出需要記下來的資料核心內容。然後，**一定要用自己的語言，添加自己的解釋，將核心內容寫到筆記本上**。如果在電腦上做這項工作，請注意：絕對不要用「複製」、「貼上」的功能，必須用自己的語言，加上自己的分析和解釋後，儲存在電腦中。因為在分析、添加注釋的過程中，大腦會對資訊進行初步處理。研讀資訊的關鍵，並不在於對資訊本身的記憶，更重要的是大腦對資訊的處理。

其次，筆記的內容愈精簡愈好，最好**分項書寫，長度一到兩行左右為宜，短小精簡**。盡量將內容壓縮到不影響你理解的最短範圍內，這項練習是在磨鍊你透過現象看本質的能力。具備這種能力之後，即便是平時與他人交流，也可以瞬間理解對方表達的意思，甚至是言外之意。

完成筆記後，請將資訊來源，比如報紙、資料、論文、網路書籤等全部丟掉，不需要留存所有的原始資訊，只要妥善保管筆記即可。相信我，有筆記就夠了！

再次提醒，之所以要用自己的話來寫筆記，是因為在這個過程中，大腦會對資訊進行處理。資訊切勿照單全收，而要透過筆記對資料進行二次加工，以便日後使用這些資訊。因此，在理解資訊的基礎上，將資訊切換成自己的語言非常重要。經過這種處理，會更容易記住重要的資訊，資訊也會儲存在大腦中。另外，將來如果有需要，也可以立刻找到原始資料，因為在大腦處理資訊的同時，資訊的各個要點已經完全儲存在大腦中了。

相反的，若只是簡單地複製貼上，或者在搜尋過程中將重要的網頁設成書籤等，這些整理資訊的方式沒辦法讓資訊儲存在大腦裡。在將來的某一天，不要說根本想不起來某筆資料的重要部分，也可能很難再找到同樣的資料。

接下來介紹我的實踐方法。

■寫筆記的訣竅

筆記

① 用自己的話記錄
② 加上自己的分析和解釋
③ 短小精悍、簡單易懂（分項書寫）
④ 將資訊來源全部丟棄

我蒐集的資料大部分都是論文。

首先，我會依照關鍵字將相關論文列成清單。論文的數量通常相當龐大，但都有題目和大綱，所以我會大致瀏覽題目和大綱，再挑選出看起來與我的研究課題有關的論文。在這個基礎上，我會下載看起來最有關聯的論文，將其儲存為可編輯的格式——以上是初步準備工作。

接下來我會大致瀏覽論文的內容，然後處理掉我認為不需要的部分，在電腦上操作最方便，可以直接刪除。現今在網路下載的論文大都是ＰＤＦ格式，不管是做標記或者挑選某個部分單獨儲存，都很方便。之後我會仔細閱讀挑選出來單獨保存的部分，並且大膽刪除已經理解和不太重要的部分。

到了這個階段，論文的長度差不多變成了原始長度的十分之一，從這裡我開始進行更深入的研究和探討。在詳細查看論文並理解內容的基礎上，我會將值得保留的資訊，用自己的話提煉出重點，寫在筆記本上。由於我是理論物理學家，在這個過程中，我會透過自己的計算來檢驗論文內容是否正確，在檢驗真假的同時，也會將自己學到的新知識記錄在筆記本上，之後再捨棄原始資料。

對每項研究課題，我都習慣採用這個方法。雖然自己在腦中重組資料的階段確實會花費大量時間，但是我切身感受到這個方法的三大優點：

第一，在彙整資料的過程中，可以**清晰整理出已經理解的內容要點，對於準確表達自己的想法非常有幫助**。

第二，可以**確認自己還沒搞清楚的內容**。問題的種子往往就藏在這些內容當中。

第三，透過平常重複鍛鍊大腦處理資訊的能力，可以**在與別人對話時，快速抓到對方想表達的重點**。這一點不僅在和其他研究夥伴討論專業話題時很有用，與學生談話時也非常有幫助。

學生有時會有非常新穎的想法，卻不會用自己的語言完整表達。由於我平常不斷重複練習如何從大量資訊中發現核心資訊，因此可以非常明確地理解學生想表達的內容，還可以給出最到位的提示。即使換成職場，將研究夥伴換成同事，把學生換成下屬，道理也是一樣。

當學生想跟我就某個研究課題面對面討論時，我會要求他們提前將重點列在筆記上。透過事先整理，他們在和我討論時更能注意重點。在筆記的基礎上，我與學生對話，他們就可以修改自己的筆記，讓它變得更完整。這樣一來，學生原本隱約模糊的想法會往更具體的方向發展，這也是我希望他們體驗的美妙過程。

當然，沒有哪一種寫筆記的方法是最完美的，我的方法只是一個例子。採用最適合自己的方法來寫筆記，效果最好。在不斷嘗試錯誤的過程中，你一定會找到最適合自己的方法。

筆記絕不離身，不需要了就扔掉

請將筆記本隨時帶在身邊，出門也要帶著。這樣你就有時間重複閱讀筆記，重複思考。不需要特地安排一個時間看筆記，只要隨身帶著，在上班途中也好，去其他地方的路上也好，即便是在有限的休息時間裡看一看也好，對你都非常有幫助。當你充分消化完筆記內容，就可以丟掉筆記本了。

如果只有一部分筆記不需要，可以撕下那幾頁扔掉，也可以畫幾條線表示已刪除。我通常會用修正液塗掉不需要的部分，因為即便畫了幾條線，這些內容還是會不經意跳入視線中，造成干擾。如果是用修正液將已消化的資訊整個塗掉，這些內容就不會再次進入眼中，可以更集中精力處理其他資訊。這就好比在享受自己最喜歡的音樂時，不僅需要排除周邊的雜音，播放器本身的雜訊也是愈少愈好。

不斷用修正液將不需要的資料塗白，總有一天，筆記中的某些頁面，不論是正面還是反面，都將是白白一片。到那時，你就可以把這些完全塗白的頁面撕下來丟掉。透過這種方法管理資訊，你會發現筆記本上記錄的永遠都是當下重要的資訊。

提到將筆記本撕毀扔掉，很多人或許會有點排斥。實際上，在日常生活中，我不僅用這種方法管理資訊，也用同樣的方法管理行事曆。我會將記事本上已經完成的行程撕毀扔掉，知道我有這個習慣的人，大多數都會非常驚訝：「什麼？你居然把記事本上的行程也撕掉？如果你想知道自己上個月做了哪些事情，不會想不起來嗎？」我經常被別人問到這個問題，坦白講，到現在為止，我還沒有這方面的困擾。

如果你還是不放心丟掉筆記，不妨使用電腦或者平板電腦的記事本功能，將筆記儲存為文字檔。因為是電子資料，所以只要把資料儲存為可編輯的狀態，操作起來就非常方便了。可以剪下、貼上原始資料的某部分，然後放進用自己的話總結的重點和解釋。當然，你也可以一邊研讀資料，一邊在另一個文字檔裡輸入自己總結的重點。請注意：如果文字檔的數量太多，閱讀起來會比較困難，重要的資訊也不容易進入視線中，因此最好只建立一個文字檔。還有一點要注意，用電子工具處理資訊時，不要用複製貼上的功能直接儲存原始資訊。

但是，**從隨身攜帶和方便處理這點來看，活頁的記事本和筆記本最方便**，使用筆記型電腦、智慧型手機和電子記事本的筆記功能，也非常有效。

利用電腦不僅方便寫筆記，搜尋資料也非常方便。用筆記本寫筆記時，新增的內容必須放在最後，愈舊的資訊在愈前面。在利用電腦的筆記功能時，我也建議大家將最新資訊放在筆記的最後面。在我們從頭到尾閱讀筆記時，將已經理解的頁面撕下來丟掉（若是電腦檔案的話就直接刪除），如果是日後還想再研讀一遍的資訊，就放到筆記的最後面，這樣一來，就可以反覆研讀全部的筆記。

再次提醒有以下想法，例如「就是不想扔掉這些好不容易找到的資料」、「我對自己的記憶力沒有信心」、「資訊愈多我愈安心」等的人，千萬不要將重要資訊和已經不需要的資訊混為一談，否則沒辦法將判斷力集中在重要資訊上。

請養成大膽丟棄的習慣。在判斷資訊是否重要的基礎上，果斷地丟掉不再需要的資訊。反覆進行這項練習，你的資訊處理能力將會有明顯提升，與此同時，大腦整理資訊的能力也會愈來愈強。丟掉筆記的意義就在於此。

發現問題的奧祕，在於資訊的蒐集和丟棄

在生活中，請務必試著實踐這一堂課介紹的方法，像是如何發現問題的種子、將「搞不清楚」的資訊分類、蒐集資訊以及管理筆記，這些方法都可以為鍛鍊思考力打下基礎。即便只挪出一星期的時間實踐這些方法，你也會驚喜地發現自己用腦的方式與以前完全不同了。

這並不是錯覺，在實踐這些方法的過程中，你的思維會有意識地轉變為分析思考，就連平常那些在腦中轉瞬即逝的思緒，你也會敏銳地捕捉到重點。

如果能養成這樣的思考習慣，你的「嗅覺」也將愈來愈靈敏，可以在資訊的海洋中準確捕捉到需要的關鍵資訊。這不僅能訓練發現問題的能力，也能夠培養創造力。

總之，**接近問題核心的關鍵在於：蒐集資訊並理解內容，再將資訊丟棄。**

這項練習就如同在漆黑的山洞裡尋找出口一樣，迷失在伸手不見五指的

■ 用身心去感受，尋找資訊山洞的出口

丟棄多餘的資訊，找到出口。

山洞裡，每個人最初都會選擇點一盞燈來照明，確認周邊的情況。這就如同蒐集資訊一樣，有時只要點一盞燈，就可以很快發現出口。

然而，如果點上一盞燈後，依然看不到山洞的出口怎麼辦？接下來我們就要將燈吹熄，然後用全部的身心感受來自出口的一點點光或是風，或者一點點聲響。也就是說，丟棄多餘的資訊，用身心去感受如何找到資訊山洞的出口。

現在這個時代，蒐集資訊的工具相當發達，我認為在不久的將來，丟

棄資訊這個技巧會變得愈來愈重要。一旦養成這個習慣，就會大幅提升接近問題核心的可能性。

這就是培養發現問題的能力、鍛鍊思考力的奧祕所在。

放棄時下流行的研究課題

我在這一堂課談的是如何從感興趣、想要解決的研究課題中挖掘本質，並提高問題意識的方法，相當於為了鍛鍊思考力而必須進行的「基礎體質」訓練，屬於準備階段。在第二堂課中我會介紹解決問題的方法和技巧，屬於另一個新階段。

在此之前，針對如何選擇研究課題，我要提供小小的建議。在這個世界上，不論是商業界還是學術界，每個時代都有當時最熱門、最流行的話題，有些問題被廣泛認為是當下亟待解決的問題，受到大眾矚目，其中確實有很多非常重要的問題。

因此，許多人在尋找研究課題時，更傾向於選擇這類熱門課題，這種傾向在愈「聰明」的人身上表現得愈明顯。因為這類問題已經存在，根本不用花很大的力氣去尋找研究題目，而且，一旦解決了這些問題，立刻能得到誘人的名望和利益，許多人因而樂此不疲。

然而，這類問題得到成果的機率卻非常低。

在學術界，有許多領域吸引了大量研究人員投入，可是，在這些領域中，從各個不同角度進行的研究已經相當深入，基本上不會給新加入的研究人員留下任何獨創性強的研究題目。在這樣的領域中當然也會有驚人的發現，然而這類研究的成果大多數來自初期，也就是還沒有多少人涉足這個領域的時候。

如果你還是對熱門話題有興趣，也有自信會超越之前的研究成果，試一試倒也無妨。至於其他人，我還是建議不要研究熱門問題，畢竟這類熱門的研究吸引了大量有才華的研究人員前仆後繼，不管你吃多少苦，最後的研究成果不過是建立在前輩的成果基礎上。不管是什麼樣的人，都可能拿出原創的研究成果，如果輕易隨波逐流，可能會忽略了自己在創造上的無限可能。

相反的，如果是自己想出來的課題，就少了競爭，也不用廢寢忘食，有大量的時間和從容的心情解決這個課題。即便在研究上花費久一點的時間，由於課題的獨創性高，完成後很有成就感，拿出的成果也會是獨一無二的。

想一想，身邊是不是有這種人：平常看起來總是很悠哉，但是永遠都能把手邊的工作做得很好。這種人有個共通點，那就是下意識地避開被許多人追捧的課題，獨自尋找自己感興趣的課題，並且將這種態度堅持到底。

我總是講這個道理給那些剛開始做研究的學生聽。理解這個道理的學生，毫無例外，總會獨自尋找自己感興趣的研究課題，而不是隨波逐流湊熱鬧。

我們想要研究的課題，與當下的流行無關，而是自己腦中時常思考、自己努力發現的問題。因此，**我不建議大家研究熱門的課題**，除非你有相當的實力和自信，也有突破所有研究成果的靈感。

讓問題核心浮出水面的「資訊地圖」

從龐大資訊中確認目前還沒有完全理解的部分，迫使問題核心浮出水面，在實際操作過程中，這項工作出乎意料的困難，因此建議大家盡早知道具體的操作步驟，並且有技巧地處理。

做為第一堂課的總結，這裡要介紹在實際研究中用來提取問題本質的方法──資訊地圖，請務必活用到日常生活中，共有五個步驟。

一、蒐集與研究課題相關的資訊

〔重點〕不要每次蒐集太多資訊，累積一定的資訊後，進行步驟二，能更有效率地進一步蒐集資訊。

二、篩選資訊

〔重點〕仔細閱讀步驟一蒐集來的資料，找出與問題核心相關的關鍵字，並將相關知識用自己的話寫在筆記本上，不需要的資訊統統丟掉。如果已經消化和理解了筆記上全部的內容，也可以丟掉筆記本。

三、重複步驟一和步驟二

〔重點〕實踐步驟一和二時，間隔的時間不要過長。透過高強度的實踐，可以提高問題意識和資訊蒐集的效率。另外，如果能將步驟二內化為習慣，將是最理想的做法。

四、製作資訊地圖

持續進行步驟一、二和三，如果你覺得差不多了，在一張大一點的紙上製作資訊地圖，詳細列出目前為止已經理解和尚未理解的部分。

〔重點〕將已經理解的部分用關鍵字代替，在清單上找到這些關鍵字之間的聯繫，並整理出來，這樣一來，尚未理解的部分就一目瞭然了。

五、提取問題本質

將問題的本質（核心部分）提取出來。

〔重點〕透過步驟四，整理出已經理解和尚未理解的部分。一旦發現已釐清某個部分，其他尚未理解的部分就會自動連起來變成一個整體，這部分就是必須弄清楚的問題核心。在研究的同時，要努力思考尚未理解的內容中，什麼是最重要的項目，再一一列出來。

六、選擇問題和分類

在「尚未理解的」清單中，選出想要了解的問題。

〔重點〕如果這時一切看起來還不是很明確，就必須在該清單的基礎上，繼續蒐集相關的資料，從步驟一重新開始。選擇問題和進行分類時，記得反問自己：假設把這部分弄清楚，會對整個研究帶來怎樣的幫助？這是判斷的標準，透過這樣的想像，就可以安排清單中的問題優先順序。

七、解決問題

集中全部力量，解決課題。

這就是我經常用到的資訊地圖。在進行步驟四到五的過程中，我會整理出已經理解和尚未理解的事，提煉出關鍵字，放在清單中，這是發現問題核心的關鍵之一。參照這張清單，我可以猜想已經理解的事項，與尚未理解的事項之間的關聯，進而確定什麼才是我想了解的內容。

除此之外，實際進行步驟六時，有三個注意事項：

• 不要選擇立刻就能解決的問題

↓這類問題的價值和獨創性都不高。

• 不要選擇熱門的問題

↓競爭愈激烈，利益就愈少，人生就是這麼現實。但是，如果你有在競爭中脫穎而出的把握，或是有絕不會失敗的理由，不妨一試。

• 不要選擇超出能力範圍的問題

↓追求夢想固然重要，然而這個夢想必須透過自己的努力來實現。如果問題的難度超出了能力範圍，我們的內心深處很有可能會產生「問題根本無解」的心理。

總而言之，在**選擇問題和分類上，最重要的一點是，選擇可以發揮最大力量、獨創性強的問題**。

我想特別強調第三點。明知道某些問題憑自己的能力無論如何也解決不了，就沒有必要冒險。如果你要孤注一擲，人生中任性一次就夠了，不要再

■靈活應用資訊地圖

1 蒐集與研究課題相關的資訊

2 篩選資訊

3 重複步驟 1 和 2

4 製作資訊一覽表

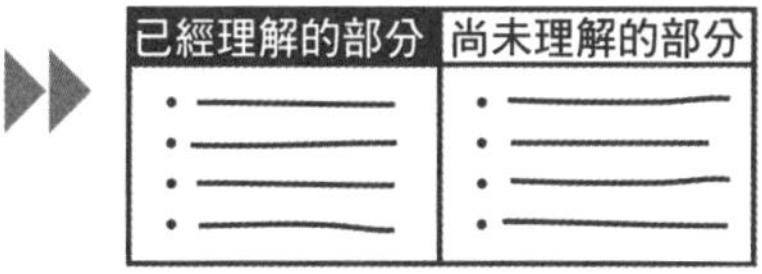

＊列出已經理解和尚未理解的部分

5 提取問題本質

6 選擇問題和分類

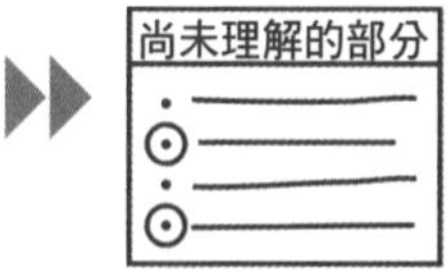

＊從尚未理解的清單中
挑出想要了解的問題

7 解決問題

依照資訊一覽表，提煉出問題的本質，對需要解決的問題進行選擇和分類。

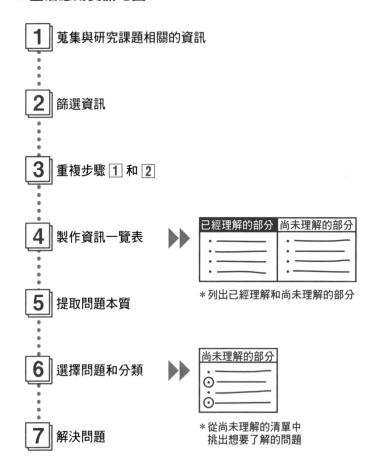

有第二次。

生活中比較常見的情況是，因為第一次的成功而驕傲自大，就想再一次挑戰自己沒有把握的事，這就是賭博心理，註定會失敗。就連豪氣干雲的日本戰國時代武將織田信長，也只冒過一次險，也就是後世廣為流傳的桶狹間之戰。除此之外，他所有的戰役都是在知己知彼的前提下，有必勝的把握才出戰的。如果準備不足，或沒有確實了解敵方的情況，他絕不會輕舉妄動。

與織田信長同為「日本戰國時代三傑」之一的德川家康，在經歷過三方原之戰的慘敗之後，痛定思痛。他以那次失敗為教訓，在沒有絕對獲勝把握之前，極力忍耐，休養生息。也就是說，要冷靜並徹底分析自己以及所處的環境後，將目標設定在最能發揮自己能力的地方。

也許你認為，放棄那些看起來力有未逮的問題，等於放棄了夢想，非常可惜。其實沒必要感到失望，因為世界上有趣的問題太多了。在製作資訊地圖的過程中，一定會發現許多有解決價值的問題。

創造性愈強的題目，解決的時間就愈長。能廣泛發現問題固然是幸運的事，然而並不是所有問題都可以輕易解決。因此，請針對自己想要解決的問題，列出優先順序，選出當下想要解決的問題。

人生是有限的，「有所不為」和「有所為」一樣重要。

第2堂課

掌握
解決問題
的能力

如何解決目前還沒有答案的問題？

第一堂課介紹了鍛鍊思考力的第一階段，也就是培養發現問題的能力，接下來要進入解決問題的階段。

解決問題的能力指的是，解決你著手處理的問題或課題的能力。這些問題或課題都是你透過獨立思考發現的，目前任何研究都尚未涉及，因此必然沒有答案。也就是說，不管你怎樣搜尋，都沒辦法找到答案。

當然，這只是其中一種情況，有可能你的問題根本沒有答案，也可能有好幾個答案。解決這類問題也沒有任何具體方法可以參考，不像我們為了考試而學習的過程中，看到新題目，可以比對舊題目，進而找到解題思路。

也就是說，對於創造性的問題，我們根本不能判斷它是否有答案，也不熟悉相對應的解題思路。唯一的辦法就是努力想出一套自己的解決方案。

看到這裡，想必許多人都不知如何是好。然而，具有價值和創造性的想法，都是透過這樣的流程產生的。它不像考試題目，提前為你準備了唯一的答案。透過練習大量相關例題就可掌握解題思路的問題，只存在學校教育中，或者只存在於能夠用執行力解決、參考過去的範例就能解決的問題中。

也許你會覺得聽起來很難，但正是這樣的問題，才具有認真思考和解決的價值。

確實，要解決這類問題，努力是不可或缺的。但是，這個過程帶來的滿足感卻是無與倫比。成功解決問題的那一刻，所得到的成就感，絕對會使一切努力都值得。最重要的是，透過這個過程，思考力能夠得到空前的鍛鍊。

將複雜的問題歸類並分解

那麼，應該如何解決具有創造性的新問題和新課題呢？

要解決這類問題，研究和思考是不可或缺的，要努力找到屬於自己的方法。但是，這並不意味著要像無頭蒼蠅般四處亂撞，其中還是有規律和步驟可循。比如，有一台機器出現故障，故障的原因不明。那麼，修理機器時，你會怎麼做呢？

剛開始，一般人都會試著按機器的每個按鈕，看看哪些按鈕還有反應。如果所有按鈕都沒有反應，接下來可能就要拆開機器，檢查每個零件，看看是哪裡發生故障。如果發現了故障，接下來只要解決問題即可。

解決問題和修理機器的原理很類似，把複雜的問題分解開來，就有可能解決問題。

一時之間沒辦法解決的難題，都是由諸多複雜的要素構成。若是將問題看成一個整體，根本無從下手。相反的，**如果將複雜的問題按照「要素」進行分解，就有可能將可解決的要素各個擊破。**接下來，**找到最後剩下的要素，即問題的核心，然後全力以赴，一舉攻破。**

比如，我們的任務是準備A大學的入學考試，可以將完成這項任務的步驟做成次頁的圖示，不過，這個圖示只是將問題類型化、探討解決可能性的模型之一，現實中的流程會複雜得多。

解決考試經常出現的類型題時，會遇到一些自己非常不擅長的題目。面對這些不擅長的題目，要回過頭重新複習有關的基礎知識。在這個基礎上，將題目歸類，然後選擇類似的類型題進行學習，按照從簡單到困難的順序，一點點克服這類問題，是學習的捷徑。如果不理解相關的基礎知識，那麼不論解決了多少難題，都不能提升應用能力，努力可能會付諸流水。

再舉個例子。比如做砂鍋料理時，這次做的沒有上次的好吃，應該如何解決這個問題呢？

不好吃一定有原因，問題可能出在湯、食材，或烹調的任何一個環節。如果湯和食材每次都一樣，原因很可能就出現在烹調的環節。看似繁瑣的判斷過程，在我們的大腦中瞬間就完成了。這就是前文中提到的歸類、分解要素以及各個擊破的過程。

■解決問題的流程模型（以準備考A大學為例）

準備考A大學 ——— 問題的設定

↓

分析往年的考古題並研究出題規律 ——— 歸類

*由於入學考試出題的範圍很廣，所以需要考生學習的知識點很多。如果參照往年的考古題，就會發現該學校選拔人才的方向（例如更注重敘述能力或是理論能力）。透過分析歷年考古題，就可以大概推測出該大學入學考試將出現哪些類型的題目。

↓

列出典型問題和類似問題 ——— 分解要素

*透過分析A大學歷年考試的出題規律和不斷出現的類型題目，就能預測本次考試會出現的典型問題，而一一列出這類典型問題和類似的相關問題。

↓

實際解決問題 ——— 各個擊破

* 一一解決典型問題和類似問題，掌握解題思路，了解A大學的入學測試可能涉及的知識重點，便於考試時應付自如。

這樣一來，我們就發現了問題所在，那就是烹調的環節。前面的模型在這裡同樣適用：一一找出與烹調相關的各項要素（食材、調味品、烹調步驟等），改變其中一項要素並觀看變化，就可以發現讓砂鍋料理更好吃的方法。

一般來說，簡單的問題通常是由一兩個要素組合而成，理解了這些要素，就可以解決問題。但是，愈複雜的問題，涉及的要素就愈多，解決起來也愈困難。這時需要理清脈絡，一一找出不同的要素，各個擊破，最終解決這個難題，這是解決問題的過程中很重要的一環。

在入學考試的試題中，品質較高的考題一般都會涉及許多不同的基礎知識。為了解決這類試題，考生要將問題按照各要素進行分解和分析。學校出這樣的試題，是為了選拔那些能組合各種要素，應用能力和思考力都有一定水準的學生，而不是空有許多知識的書呆子。

面對複雜的問題，有的考生馬上就能看穿該試題考驗的知識重點，進而迅速解答。我們經常用「聰明絕頂」來形容這種考生，這樣的考試才是本書提倡的，能用來測量學生思考力的考試。

然而，命題者要想出這樣高品質的試題，要花費大量時間和精力，再加上改試卷也要花時間，因此在現在的大學中，肯花時間和精力出高品質考題的學校可說是鳳毛麟角。我認為，大學入學考試不該以收學生的考試費用做為目的，而要選拔出需要的人才，是對人才的一種投資。當然，企業徵人也是同樣的道理。

透過歸類、分解要素以及各個擊破等方法來解決問題的模型，是非常有效的實踐方法，可用來解決大部分的問題和課題。

活用執行力，提升解決問題的能力

本書將我們在學校教育和考試中學到、鍛鍊的基本能力定義為「執行力」。前一堂課提過，執行力不能為創造性的工作帶來任何幫助，但是，我並不認為執行力一無是處，還是有其用途。

執行力是解決創造性問題的能力基礎，應該活用它。而且，有很多時候，執行力是不可或缺的。

以服務業為例，服務業大多對客戶群的需求瞭若指掌，也就是將問題歸類。為了滿足顧客的需求，也就是解決問題，服務業一般都會制定一套相當嚴密的服務步驟。

因此，與服務業相關的企業都會制定一本詳細的工作手冊，用這本手冊對員工進行培訓，並在統一服務品質的基礎上，積極在全國開分店。

「說到那家連鎖餐館，不管你去哪家分店，都能獲得滿意的服務。」

「就算之前沒去過那家飯店我也很放心，因為他們的評價相當好。」

由工作手冊統一規範的服務，雖然缺少了個性和獨創性，但確保了服務品質的統一，因此容易在顧客心中建立安心感和信賴感，也贏得大量的回頭客。

比如麥當勞、星巴克、麗思卡爾頓酒店（Ritz-Carlton），這些世界知名的連鎖企業之所以廣受歡迎，原因就在於企業善用嚴密的工作手冊，對員工進行徹底的培訓和教育，而迪士尼樂園更可說是達到理想高度的商業模式。

這些商業上的成功案例，都使用了「歸類↓分解要素↓各個擊破」的模型，公司以工作手冊培訓全體職員，告訴員工如何解決複雜的商業難題。

建立模型、分析問題要素時，執行力的其中一項能力——按照正確的順序解決各類問題，將會發揮很大的效用。

而且，在分解和處理複合性問題的過程中，某種程度上，執行力也有幫助。

總之，**請活用執行力這個「解決問題的能力」的基礎能力**。就像優秀的運動員和藝術家都要經過大量的基礎訓練，為了考試而努力學習的考生也接受了大量的基礎訓練。有些企業在招聘員工時，一方面亮出「不重視學歷」的告示，另一方面又參考應徵者履歷上的學歷一欄，反映出企業真實的體驗和總結：在工作中，執行力還是很有用的。

其實，執行力不一定要透過考試的學習來提高，只要有詳細的指南，執行力是一種隨時都可以掌握的能力。相對的，想掌握思考力，就必須有意識地培養自身的分析能力（這一點之後還會提到）。很重要的一點是：思考力並非天賦，不論是誰，都可以透過一定的步驟鍛鍊思考力。

創造力建立在思考力的基礎上，而思考力則建立在執行力的基礎上。這些能力都可以透過後天有意識的努力來掌握。

解決「看不出答案的問題」，關鍵是多角度分析

創造性的問題不一定都有答案。一直以來，能夠透過執行力遵循一定規律解答的問題，大多已經被解決了。換言之，正因為無法被輕易解答，迄今才沒有人去解答創造性的問題，也正因為如此，這類問題才具有解決的價值。

然而，我們沒必要害怕。為了應付意料之外的困難，要**對問題進行多角度的分析和處理，進而順利解決沒有統一答案的問題。**

再以入學考試為例。考生為了考取夢想中的大學，要把該大學歷年的考古題拿來研究學習。實際上，研究歷年考古題的不僅僅是考生。命題者希望選拔更多具有思考力的考生，也會致力於研究歷年考古題，盡量避免在新的考試中出現同樣類型的試題。正因為命題者也在追求創新，因此有時候考生會碰到以往考古題從沒出現過的題型。為了避免考試失利，考生不能滿足於研究歷年考古題，還需要加強相關知識，以防萬一。同時，留意出題範圍是否有近幾年沒出現的知識重點，認真學習和準備該類型的問題，也不失為萬全之策。

這就是「對問題進行多角度的分析和處理」。

服務業採取的也是同樣的策略，使用工作手冊要求員工的服務品質，容易實現整齊劃一的服務。然而，企業想做出差異化，必須花費苦心來增加附加價值。方法之一是：發掘競爭對手還沒有發現的顧客潛在需求，並且盡最大努力進行仔細的研究。他們會針對這種新的服務內容制定工作手冊，並且透過培訓，要求員工嚴格執行手冊上的內容。換句話說，這就是工作手冊不斷進化的過程。

另一個方法是，在教育和培訓員工時，告訴員工偶爾要靈活變通處理手冊中沒提到的問題。這時，就要多角度設想服務時可能遇到的各種狀況，並模擬對策。能夠達到這種標準的企業，在顧客心中的可信度更高。

也就是說，在堅實的執行力基礎上，還應該具備能夠靈活應對意外狀況的思考力。執行力和思考力是連續、相關的，基本流程如下：

- **將複雜的問題歸類**
  ↓
- **分解要素**
  ↓
- **各個擊破**
  ↓

• 發現未能解決的要素

（也有可能其他要素都解決了，但最初的問題還沒有解決）

←

• 分析一下，要解決該問題，哪些要素還不夠充足，並尋找必要的補充要素

兵書《孫子兵法》中有句家喻戶曉的話：「知己知彼，百戰不殆。」意思是，如果徹底了解敵我雙方的情況，打起仗來就會百戰不敗。把這句話換作本書的語言，就是在問題（敵人）出現時，要蒐集所有相關資訊，將問題歸類，分解要素。在這個基礎上，克服自身的每一處弱點，那麼，不管是多大的難題都能解決。

但是，這樣的準備還是不夠。如果敵人的行動在我們的意料之外（不按牌理出牌的問題，或者透過執行力沒辦法解決的問題），應該怎麼辦？顯然，應該事前全盤考慮可能發生的狀況，這樣的話，不管發生怎樣的狀況，都可以不慌不忙地應對。

順帶一提，我認為「知己知彼，百戰不殆」這句話，還包含了「看準時機」的意思：不僅應該看準「出戰」的時機，也要看準「避戰」的時機。關於這一點，我在第一堂課的最後也提過：在選擇研究題目時，判斷什麼問題透過努力可以解決，什麼問題即便盡最大的努力也沒辦法解決，這點相當重要。

備受矚目、時下流行的問題，乍看之下很有吸引力，但是我們的敵人（競爭對手）數量太多了。因此你必須判斷，與對手對戰時你有幾成勝算。如果不能知己知彼，就免不了重複別人已經做過的研究，這種情況放在業界的話，企業很可能會被捲入價格的消耗戰中。

如果明知道有些事的難度超出了能力範疇，就沒必要冒險，因為這種行為無異於自殺。當然，人生中或許會出現一定要分出勝負的場面，但最多也就一兩次。人生充滿了變數，也可能會有之前絕對辦不到的事情，情急之下居然迎刃而解的情況。

這種判斷只能在最緊要的關頭交給我們的直覺，但是，**透過仔細蒐集和分析資訊，確實能夠提高用來評估當前狀況的「直覺」**。因此，透過有意識重複這項練習，也可以提高直覺的敏銳度。對狀況判斷得愈清楚，直覺就愈靈敏。設定了大目標之後，就要一一分解那些可能解決的問題，各個擊破。

如果明知道問題解決起來將會非常困難，還是忍不住想要嘗試，千萬不要毫無頭緒地處理。要將問題按照不同的階段進行分解，在這個基礎上能走到哪一步都可以，只要設定可以實現的目標即可。

將疑難問題按照要素進行分解再各個擊破的策略，也同樣適用於領導下屬和指導學生。不管領導者多麼有先見之明，如果不能傳達給下屬、為團隊所共用，下屬就不一定會完全按照領導者的意圖辦事。而且，就算大家都明白目標所在，如果目標太遠大、太不切實際，下屬努力的動機也會愈來愈弱。

我並不是說企業不可以制定長遠的目標，重要的一點在於，在員工完全理解目標的基礎上，在實現目標的路上設立幾個里程碑。透過一個個實現這些里程碑，最終到達目的地。這樣的話，團隊成員就能了解自己目前所處的階段以及努力的方向，進而全體成員團結一心，發揮最大的能力。

繞彎路，有時反而能解決問題

面對問題時，我們總希望可以直接到達目的地，這似乎是最有效率的辦法，然而實際上未必如此。尤其是在看不清楚解決路徑時，繞一下彎路，有時反而會帶來意外的驚喜，問題也會隨之解決，這種情況不在少數。

關鍵是好奇心。

二〇〇五年諾貝爾物理學獎得主特奧多爾・亨施（Theodor Hänsch）經常使用一張有大公雞和小雞圖案的幻燈片。大公雞看到了柵欄外的食物，一心想吃，可惜被柵欄擋住了去路，即使伸長了脖子還是沒辦法吃到。而小雞在

■ 目標導向型（大公雞）和好奇心導向型（小雞）行動上的不同

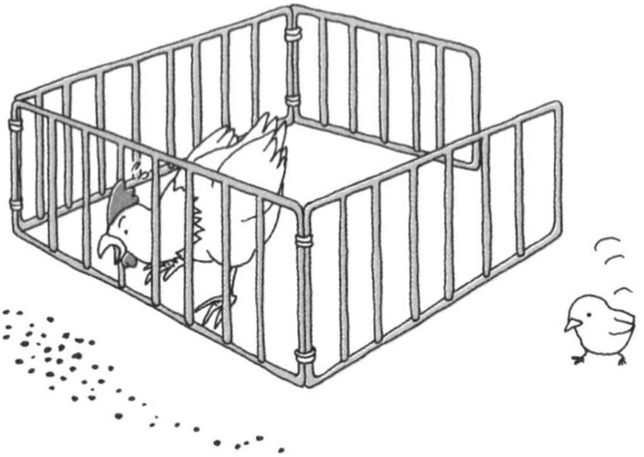

柵欄內看似漫不經心地轉了個大圈，卻在與食物完全相反的方向找到了柵欄的缺口，從缺口跳出去，不慌不忙地走向食物。

亨施博士將大公雞這種將心思百分之百聚焦在目標上，一心想要直線前進的行為，稱為「目標導向型」（goal oriented），而將小雞這種在好奇心支配下的行為，稱為「好奇心導向型」（curiosity driven），並強調好奇心導向在研究中的重要性。

目標導向指的是在完全清楚目標的基礎上，一心尋求距離目標最短的

直線距離，並沿著該路徑解決問題的方法。這種方法普遍運用在國家及企業各領域中的規畫和研究開發上。

以電腦晶片的開發為例，它被認為是最有效利用目標導向的領域之一。只要提前確定了下一代晶片的規格，擁有傑出能力的開發者組成的專案小組，就可以隨時按照計畫來開發。

企業在規畫願景時，用的也是同樣的方法：先確定未來的目標，再探索達到目標的方法。在學術和研究領域，一般來說，符合國家制定的策略目標的研究課題，可以優先得到研究費用，這其實也屬於目標導向。

目標導向型的研究開發有其優勢，那就是容易向身為納稅者的人民以及股東交代。然而另一方面，也正因為如此，如果策略目標是為了保護某行業的既得利益而制定的，就容易受到人民質疑。在這種情況下，基於策略目標的研究開發，不僅不會為組織帶來利益，還可能招致組織整體的衰退。

上層決斷的錯誤，導致企業的經營出現混亂，國家在大型專案上花費巨額稅金，卻沒有達到既定目標，這些例子不勝枚舉。實際上，要制定出正確的策略目標，必須有具備先見之明的領導者。到底是誰有先見之明，在大多數情況下，要看了成果才知道，這就是目標導向型在經營和研究開發中潛在的危險。

相對的，好奇心導向型聽來似乎很新鮮，許多人可能一時不能理解。**好奇心導向型指的是，努力的方向與目標似乎沒有關聯，只是單純地在好奇心的驅動之下前進。**看起來似乎沒有效率，也談不上合情合理，和目標導向型完全不同，好奇心導向型的特徵在於：可以不受最初目標的束縛，自由發想。亨施博士認為這可以做為獨創性的研究方法，而大力推薦。

話雖如此，繞遠路聽起來還是很沒效率。然而，大多數震撼世界的偉大發明都不屬於目標導向型，而是好奇心導向型的研究成果。

小柴昌俊博士因為在天體物理學領域的先驅性貢獻，特別是在探測宇宙微中子和發現宇宙X射線方面的成就，獲得諾貝爾物理學獎。事實上，小柴博士領導的日本神岡實驗室，最初是為了檢測質子衰變現象而設立的，微中

■ 好奇心導向的效果

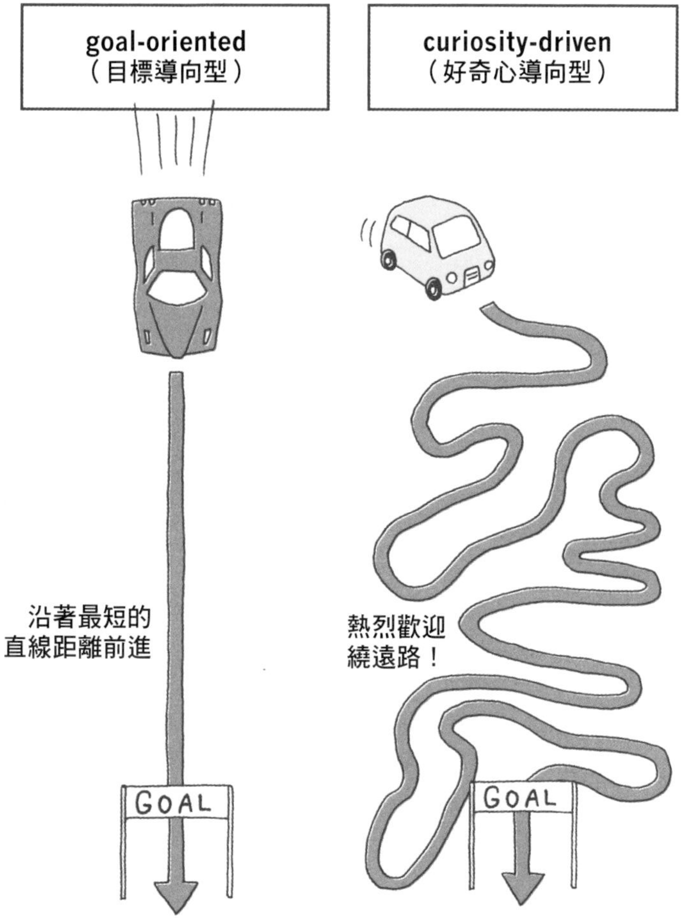

好奇心導向型的研究容易有重大發現。

子並非主要的研究對象。然而，就是這間神岡實驗室，首次截獲了超新星爆炸所釋放的微中子，打開了天體物理學中極為重要的微中子觀點。要知道，超新星爆炸，是每一百年甚至兩百年才會發生一次的現象。

這項偉大的發現，開拓了用微中子來研究宇宙歷史的新紀元，創立了一個完全嶄新的研究領域——微中子天文學。這項成果並非神岡實驗室設立的初衷，完全是好奇心驅使下的意外收穫。

被應用在觸控式螢幕中的導電高分子，同樣也是意外的發現。白川英樹[1]研究室的研究生，有一次錯誤地添加了平常使用劑量一千倍的催化劑，而發現了導電高分子。正是由於這種違背常識的錯誤，以前只能呈現粉末狀的聚合物，竟然出現了薄膜的形態。如果沒有這個錯誤，說不定白川博士就不能獲得

① 日本化學家，二〇〇〇年與艾倫・黑格（Alan Heeger）、艾倫・麥克德爾米德（Alan MacDiarmid）共同獲得諾貝爾化學獎。

諾貝爾化學獎的榮譽，如今被普遍使用的觸控式螢幕也可能無法問世。

好奇心導向型行為並不是偶然的產物，而是一種積極面對問題的策略。好奇心導向型的研究成果，比目標導向型的研究成果更普遍。要知道，有時候雖然研究似乎偏離了主道路，走上了岔路，但我們不應該否定這些岔路。

我們平常都盡量按照一條直線向著目標前進，但有時受好奇心的驅使，也不妨繞到旁邊的岔路上看看，說不定就能產生新想法；也可以說，有時候抱著遊戲的心態也很重要。當我們走在通往目標的平坦大道時，如果路邊突然出現一塊奇怪的石頭，不妨駐足觀看，仔細研究。這種**寬廣的視野和靈活的態度，不僅可以幫你練就多角度觀察事物的眼光，也是催生創造性想法的大腦訓練法。**

江崎玲於奈博士也是在分解不合格的電晶體的過程中，偶然發現了半導體中電子的穿隧效應（tunneling），獲得了諾貝爾物理學獎。

如果只是對不合格的電晶體進行簡單的檢查，想必江崎博士就不會發現這麼偉大的物理學現象了。正因為他擁有一顆好奇心，才能在不斷探究下發現電子的穿隧效應。

在企業界，好奇心導向的行為也很多，以Google最具代表性。Google有個二〇%法則，**員工可以用二〇%工作時間，研究工作外自己感興趣的任何專案**。Google News的創意就來自於這二〇%的時間。二〇一一年日本三一一大地震中，被普遍用來進行人身安全確認的網站「Person Found」，也來自Google日本公司員工的奇思妙想，地震發生後兩小時，他們就推出了這項搜尋功能。

當然，由於企業在每個階段都有不同的目標，為了達成目標，必須鼓勵員工進行目標導向型的工作，這是企業策略計畫的需求，無可厚非。相較之下，充分信賴員工，讓員工自由進行發散思考的二〇%法則似乎更有意義。喜歡獨立思考的優秀人才，一定很希望在這種有魅力的企業中工作。

學術界的情況又是如何？舉例來說，大學研究室的經營方針各有千秋。有的研究室在教授明確的主導地位基礎上，研究室全體上下一心，積極推動目標導向型的研究。在教授的研究和經營能力都相當傑出的前提下，這種方法非常有效。但另一方面，弊端就在於難以培養出青出於藍更勝於藍的人才，因為在這種情況下的研究，研究人員和學生都完全依賴教授的頭腦。

這就好比白手起家的創業者完全憑藉一己之力經營公司，當他在位時，一切似乎井然有序，一旦他退位，第二代經營者上任時，業績就急遽下滑。其實，在維持業績的同時，苦心培養企業的繼承人，企業的經營才有持續發展的可能，才是有遠見的傑出經營者。

在我的研究室，我正努力將Google的二〇%法則，發展成一〇〇%法則。一開始上課，我就明確對學生說：「我們研究室的方針就是，只要在我可以指導的範圍內，你們研究什麼課題都可以。」你或許覺得學生會因為「想研究什麼就研究什麼，所以比較輕鬆」，實際上他們都不是這麼想。因為我規定必須要獨立尋找自己的研究課題，因此我的研究室在某種程度上可以說是最嚴格的研究室。

我的學生中，也有許多不管怎樣努力都找不到研究課題，感到迷惘的人。但是，基於經驗，我始終相信：要相信他們的能力，在他們找不到研究題目時，要有耐心地與他們對話，根據每個人不同的特點，給予適合的建議。這樣一來，學生的自信心就會逐漸增加，並且很可能發現一些令人驚喜、有獨創性的研究題目。

也許你會認為，讓學生做自己想做的事，老師也輕鬆不少，事實上並非如此。老師不但不輕鬆，在實際工作中還會遇到很多困難，因為目前還沒有一本指南告訴老師，如何給出適合每個學生的建議。老師要自己判斷，到底什麼樣的建議適合什麼樣的學生。

那麼，老師應該怎麼辦呢？我的方法就是：仔細傾聽學生的發言。然後透過對話的模式，盡量搞清楚他們的想法和困擾。如果能夠準確理解他們的想法和困擾，就可以在自身經驗的基礎上指導他們、告訴他們，想實現他們的設想，可以試著從考慮哪些事情下手。

這時候，我通常不會直接告訴他們應該怎麼做，或者最適合的解決辦法是什麼，但我會提出許多可能性，並且和他們一起分析每種可能性的利弊。這樣一來，學生就可以在腦中多角度地思考解決辦法，並在這個基礎上做出獨立的判斷。即便他們的判斷和我設想最適合的解決辦法並不一致，但我基本上會尊重他們的選擇，因為我希望他們多累積一些自己選擇和解決研究課題的經驗。

大多數學生都沒有這樣的經驗：從零開始，自己思考，發現問題，最後解決問題。進研究室之前，他們解決的都是書本上或是考試中出現的、有標準答案的問題，受到的完全是考試的訓練。所以當我一來就叫他們自己找問題、自己解決問題時，大部分學生都會不知所措，這非常合情合理。

如何找到自己想要解決的問題？第一堂課已介紹過系統性尋找問題的方法，也就是資訊地圖，它是將問題還原為要素，透過逐個擊破各個要素解決整體問題的方法。透過在日常生活中積極實踐，學生就可以切身體會到，並學習何謂獨立思考和創造。

至於那些在社會上為了生計而奔波的人，根本沒有時間和心思在好奇心的引領之下，注意到岔路上的風景。現實讓他們以目標為導向，光是專注在眼前所面臨的問題，就已經筋疲力盡了。

然而，我還是要說，請努力給自己一點時間，將二〇％法則應用到生活中，並養成習慣。有時候要放縱好奇心，讓它帶著自己挑戰不同的問題，這樣一來，思維會更自由，也會拓展視野，用完全不同的角度來審視生活中的各種問題。

千里之行，始於足下，透過一點點努力和累積，你會發現自己可以用更寬闊的視角來審視問題，而各種豐富多彩、具有創造性的想法，也會在腦海中源源不絕湧出。

「早就知道了」，是解決問題時的陷阱

解決問題時，很容易掉到兩個陷阱：「早就知道了」和「已經了解了」。

某些事情想當然爾，我們認為沒有思考和質疑的必要，在不知不覺中錯過了許多需要仔細審視的問題。**「早就知道了」和「已經了解了」讓我們忽略了質疑，而真相往往就隱藏於被忽略的部分**。就像有時候明明戴著眼鏡，卻還在屋子裡四處找眼鏡一樣。

在這裡要問一個問題：1＋1等於幾？我想你肯定會笑我：「一定是等於2，這還用說嗎？」大多數人不經思考就給出這樣的答案，因為這種「小兒科」的問題，被多數人歸在「早就知道了」的範圍。

然而，關於「1＋1等於幾」的說法，我最近聽到了一個非常有趣的小故事。有個小學低年級的學生被問到這個問題時，是這樣回答的：

「1＋1就等於1＋1！」

「你為什麼會這麼想呢？」老師問他，他回答：

「一根香蕉再加上一個蘋果，也不可能變成兩根香蕉或者兩個蘋果，香蕉還是一根香蕉，蘋果也還是一個蘋果啊！」

據說這個孩子的家裡開水果店，如果你的孩子這樣回答你，你會怎樣想呢？你會覺得「這麼簡單的算術都不會，簡直笨死了」，然後生氣地教訓他嗎？還是會嚴厲地告訴他：「從今以後要記住，1＋1等於2！」

我的感受和一般人不同，在我看來，這孩子的話十分有道理，我認為他是能夠在實際經驗的基礎上腳踏實地思考的孩子。

讓我們再認真思考一遍。「1＋1等於2」只在特定的條件下成立，比方說，將蘋果和蘋果放在一起時，因為兩者是同類，同樣是水果，所以1＋1等於2是成立的。但是如果將不同種類的東西放在一起，結果絕對不可能是其中任何一種東西的兩倍。因此，在「一根香蕉和一個蘋果放在一起」的條件下，1＋1就等於1＋1。

但是在學校裡，老師絕對不會向孩子解釋在什麼情況下1＋1等於2，只是單純要求孩子記住。

這樣做的結果就是，孩子不會思考「1＋1為什麼等於2」，也不會思

■1+1等於幾？

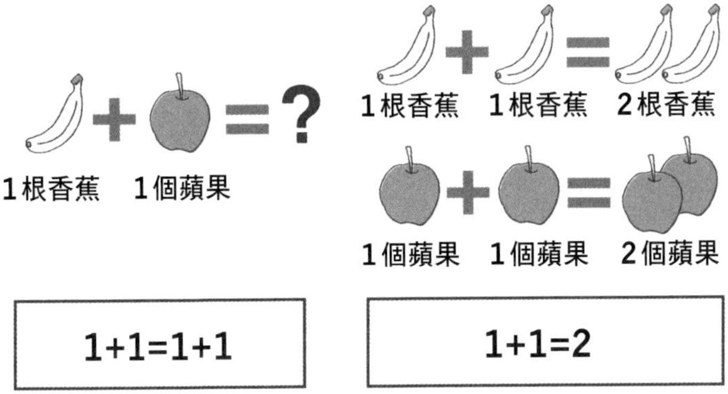

考「1＋1什麼時候等於2，什麼時候不等於2」。實際上，在自然界當中，1＋1不等於2的現象比比皆是。

概括來說，大多數小學生，甚至包括老師，都認為1＋1等於2是「早就知道了」的事，從來不會去思考1＋1為什麼等於2，或者說在什麼條件之下等於2。因此，只有意識到在不同條件下會有不同結果，我們才能對各種狀況做出相對應的判斷。

然而，如果你想當然爾地認為1＋1就是等於2，自然就不會再思考「1＋1等於幾」的問題了，不僅是孩子，大人也如此，這就是思考的陷阱。

知識、常識以及執行力，都是形成思考力的重要武器，但只有「早就知道了」遠遠不夠，它有可能成為思考的盲點。對於早就知道了的事，**要不斷思考「為什麼是這樣」、「在什麼條件下會出現這種情況」，進而在研究和檢驗的過程中累積我們的知識**。

這種「本來應該是什麼樣子」的思考習慣，在利用目前的方法找不到出口，以及發生意外狀況時，非常有助於開啟不同的局面。一旦了解某些事在當前條件下成立的前提後，若發生新的狀況，就可以分析所謂的前提條件是否適用。那樣的話，即便是超乎預期的狀況，也可以從容應對。

在這堂課中，我講的主要是怎樣在執行力的基礎上鍛鍊「思考力」，大多數問題都可以透過這個方法解決。但是，世界上還有許多難題，無論我們多麼努力都沒辦法改變局勢，在這種情況下我們又該怎麼辦呢？

下一堂課會詳細解答這個問題。

第3堂課

永不放棄的精神

不容易有答案的問題，才值得花時間思考

獨立尋找到具有創造性的問題，將其歸類、分解要素，分成幾個不同的階段，逐一解決可以解決的部分，達到最終解決問題的目的，這是前兩堂課的主要內容。也許剛開始實踐時你會覺得不適應，甚至缺乏目標，然而，透過有意識地鍛鍊和累積，可以大幅提升思考力，問題也可以迎刃而解。

一旦在大腦中解決了找到的問題時，那一刻所獲得的滿足將會無與倫比。一次成功的經歷，會化為鼓勵你再次嘗試的勇氣，而分析各種狀況、應對不同困境的技能，也會成為你獨有的至寶。

但是，總有一些問題，就算經過訓練也不容易找到答案。很遺憾，在實際研究中，這類問題所占的比例超過了一半。即便如此，也不可以輕易放棄，**正是這些一時之間找不出答案的問題，才值得花費大量寶貴的時間，也正是這樣的問題，才值得思考。**

上網隨便搜尋，螢幕上出現的都是一些早就知道的資訊，沒有人去深究和質疑，這就是資訊化社會的現狀。正因為這樣，才更應該認真對待那些目前還沒有人解答的問題。

比如，專業的將棋（日本象棋）選手每走一步棋，有時要花費一小時以上的時間思考。將棋冠軍賽的每一局都要進行一到兩天，在這麼長的時間裡，每個選手都絞盡腦汁。表面上看起來他們或許只走了一步棋，但他們的大腦中已經完全考慮到各種可能性，甚至看到了第一百步的棋。

在數學界，廣為人知的「費馬最後定理」（Fermat's Last Theorem），直到三百六十年之後，才被普林斯頓大學的安德魯・懷爾斯（Andrew Wiles）證明是正確的。為了證明這個定理，懷爾斯埋頭研究長達七年，也許在大多數人看來非常不可思議，然而在數學和物理學界，為了解決一個問題而耗費數年的例子並不罕見。

他們為什麼可以長久堅持而不放棄呢？那是因為，**思考這個行為會激勵**

大腦，給大腦帶來豐富和深刻的滿足感。或許也可把這種狀況稱為強烈的好奇心，當這種感覺愈來愈強烈時，就能體會到「廢寢忘食」的狀態。

要怎樣才能達到這樣的精神狀態呢？答案就是：**不要放棄自己選擇的問題，要堅持思考到解決問題為止**。在最初的階段，這種考驗非常痛苦、艱難，但是，一旦我們的大腦習慣了思考的對象，任何契機都有可能接通電源，在不知不覺中就進入集中思考的狀態。在進入這種狀態之前，只要堅持思考，就會體會到思考帶來的深刻滿足感。

我認為思考就像跑步一樣，如果你對跑步不是特別感興趣，行動之前總免不了內心糾結：一方面懶懶的不想動，另一方面又盡力說服自己。但是，一旦開始跑了，身體的電源就會自動接通，也會開始享受跑步的感覺。在跑步結束後，整個身心都會感到舒爽和滿足。

本書想傳達最重要的資訊之一就是：只要有意識地訓練自己，每個人都做得到。就像透過正確的訓練，每個人都可以享受到運動的樂趣一樣，透過有意識的訓練，每個人都可以具備思考力。

現在你還會相信「聰不聰明，完全取決於天賦」嗎？讀到這裡，你一定可以理解，這種觀點並不正確。

在持續思考的過程中，一般不會出現任何成果。即便我們在腦中已經對問題進行了上萬次的嘗試錯誤，想盡了各種可能性，但在旁人眼中我們仍然什麼都沒有做。我們的努力無法透過他人的眼睛得到證實，讓思考這種行為看起來似乎沒有效率。

「萬一我解答不出來怎麼辦？」

「這個問題真的有答案嗎？」

在思考的過程中，當事人也會不由自主地感到不安。思考的時間一久，就容易心生恐懼，害怕一切努力都是一場空，內心無比糾結。在現實中，有些聰明人確實一眼就看透這類問題，知道解決這類問題將會耗費大量時間，因此他們更傾向於選擇短時間內就可以找出答案、「效率高」的問題。

但是，偉大的發現和具有跨世紀意義的變革，基本上都要經過長時間的思考，它們都是在發現者與問題進行格鬥的最後一刻誕生的。發明和創造不可能發生在一夕之間。

請相信，你今天想找的答案是目前為止沒有人給過的，因此它註定屬於一個新的領域、一個陌生的世界。在這個世界裡，沒有地圖，更沒有導遊，只有透過堅持不懈的努力，窮盡思考，才能跌跌撞撞地接近問題的出口。在這期間你必須具備的能力，就是這堂課中講的「永不放棄的精神」。

別執著於短期就有成果的問題

我在「課前暖身」中提過自己在研究生階段的親身經歷：耗時兩年，我終於獲得了研究成果。我在做光的二重性實驗時產生了疑問，因而花了一年的時間讀遍相關論文，找出還未理解的部分，然後又花了一年的時間，找到了答案。

當時我的研究題目是「記錄量子力學的測量過程」，這個題目屬於物理學研究的不毛之地，大多數人都認為，還是不要太深入研究這類問題比較好。在當時，全世界研究這個問題的人非常少，在我身邊更是沒有人涉足，別說追究自己的構想是否有意義了，連這個問題是否存在，我都毫無把握。

由於選擇的研究題目不同，有的人在研究中很快就會得到成果。但是我對自己的研究課題，卻不抱這樣的希望，我深知這不是一個短期內就能產生成果的課題，甚至不確定是否可以在讀碩士和博士期間解決這個問題。

聰明的學生一定會覺得這類研究題目研究起來效率低，因而敬而遠之，他們更樂意在當今廣受世界關注的熱門研究課題中，發掘一些容易拿到成果的題目，這種傾向至今還是一樣。

但是，即便是今天，我也對自己當初的選擇無怨無悔。並不是因為我最終找到了問題的答案，而是因為在那兩年裡，獨立發現問題並解決問題的過程，讓我同時得到了持續思考的苦和甜。

實際上，**研究那些短時間內找不到答案的問題，雖然會耗費大量的時間和精力，卻並非毫無效率**，因為只有這樣才會鍛鍊你的思考力，這是用其他方法無法達到的效果。而且，**研究獨立發現的問題，競爭對手也相對較少。**

多數人在著手研究新問題時，都希望短期內就看到成果。確實，短期內取得成功顯得效率更高，然而如果每個人都這樣想、這樣做，世界將會變成什麼樣子？大概眨眼之間，競爭就會進入白熱化。而在競爭愈激烈的領域，獨立發現重大成果的可能性就愈小。

這個道理不僅適用於學術界，在社會各領域中也普遍存在。比如，家電製造商為了得到更高的市占率，鬥得你死我活。想在競爭中脫穎而出，就必須與其他家電製造商有所區隔。可惜的是，在如今的市場上，家電的性能雖然有飛躍性的提升，但在消費者看起來，買哪個牌子都一樣，性能都差不多。

既然在性能和品質上不相上下，就只能被捲入價格戰之中。日本有家大型

■ 蘋果的品牌號召力

①設計性＝產品外形、性能、容易操作、消費者的生活方式
②嚴格控制產品數量

↓

獨創性

的牛丼連鎖店採取的就是低價策略，透過低價來吸引更多客人，似乎除了價格之外，沒有其他方法能夠幫助企業面對競爭而不被淘汰，最終的局面就是，大家同時進入拚體力的消耗戰之中。

有趣的是，有一家企業採取的策略，正好與上述企業形成了強烈反差，那就是蘋果。蘋果在新產品的研發過程中，保密工作做得非常好，相繼推向市場的iPod、iPhone和iPad無一不暢銷，蘋果也因獨特的品牌開發策略，在商業市場上獲得巨大成功。

從技術上來看，跟同類商品比較起來，蘋果的商品似乎沒有十分明顯的優勢，iPod、iPhone和iPad都是在現有的技術上誕生的產品。

但是，透過在現有的技術上添加一些優美的設計和新的要素，成就了蘋果獨特的品牌效應。在設計方面，蘋果不僅考慮到了外形的美觀，還考慮到產品的性能、容易操作以及消費者的生活方式，這就是非常新穎的思考方式。

蘋果沒有選擇當時受到萬眾矚目、所有廠商都在追求的策略，而是另闢蹊徑，獲得成功，可說是在市場中不盲目、不隨波逐流最好的例子。

而且，對於放到市場上的產品數量，蘋果也做了嚴格控制，這個策略為人津津樂道。在其他綜合家電廠商都忙於充實產品陣容時，蘋果卻反其道而行。於是，蘋果的產品一推出就銷售一空，在具備強大號召力和話題性的同時，成為大眾追逐崇尚的品牌。

這就是**全面貫徹「有所不為」的原則，將精力全部集中到「有所為」**的經營策略，蘋果出色地展示了這種策略的重要性。

當我們在尋找具有獨創性的想法、無法被模仿和複製的發明和發現，或者開發新產品時，仿效牛丼飯連鎖店的做法顯然是愚蠢的。只有採取像蘋果那樣專心一意、深度思考和追求獨特品牌號召力的策略，才能夠走上通往創造力的捷徑。

只要有好奇心，隨時隨地都可以思考

在物理學的世界裡，面對一個課題，研究人員經常要花費好幾年的時間來思考。埋頭於研究時，不管手邊在做什麼，研究人員都會無意識地思考研究課題。

當然，並非每個人一開始就可以達到如此集中精力的狀態。前面也提過，要進入這個狀態，必須集中意識，徹底蒐集資訊，窮盡思考，在大量反覆的實驗的基礎上，接近問題的核心。

一九六四年，「CP對稱性破壞」首先在實驗中被證實。二〇〇八年獲得諾貝爾物理學獎的益川敏英博士，於一九六四年第一次讀到瓦爾・菲奇（Val Fitch）和詹姆斯・克羅寧（James Cronin）《CP對稱性破壞》的論文時，形容自己當時有種「如鯁在喉」的感覺。我想，也許那時他的大腦就已經開始思索了，而他的思索關係到一項重大的發現。一九七一年，當益川博士讀到傑拉德・胡夫特（Gerard Hooft）和馬丁紐斯・韋爾特曼（Martinus Veltman）關於弱相互作用的論文時，突然靈光一閃，當下決定利用他們的方法來證明「CP對稱性破壞」。

然而，研究並非一帆風順，益川博士意識到，用當時的四維模型沒有辦法充分說明「CP對稱性破壞」，於是他和小林誠博士每天不斷進行實驗，希望可以找到方法。有一天晚上，當益川博士在浴室裡泡澡時，突然決定放棄使用四維模型，於是寫了一篇《四維模型無法證明CP對稱性破壞》的論文。這是非常勇敢又果斷的決定，意味著益川博士和小林博士的研究回到原點，一切從零開始。

下定決心的時刻，就是益川博士走出浴缸的那一瞬間。突然他的腦中閃過一道靈光：不如用六維模型來試試看。正是這個靈感，最終帶領益川博士和小林博士提出了「小林—益川模型」，兩人共同獲得了諾貝爾物理學獎。

說這個故事的初衷，是希望大家看到益川博士即使在洗澡時也不忘記思考的熱情和執著，以及果斷放棄一直以來孜孜不倦研究的四維模型，轉身回到原點的勇氣。當思考走到了死胡同，似乎再也沒有突破的可能時，從現在的路上抽身回到原點，重新思考、重新出發，很多時候反而可以找到從根本上解決問題的辦法。

為什麼益川博士可以這樣長久地集中精力、持續思考呢？無非是因為他有一顆勝於常人的好奇心，還有一種不達目的誓不甘休的精神。

為了證明「費馬最後定理」，懷爾斯博士埋頭研究長達七年，他並非特例。並不是因為學者本身的工作就是思考，所以才會更長時間地思考問題，而是**人類在面對自己發現的問題時，會被一種不可置信的力量推動著，持續集中精力，並且進行長時間的思考**。

那麼，怎樣才能找到打動我們內心、非常感興趣的問題呢？答案就在資訊地圖中。首先，廣泛地調查我們想要了解的問題，然後進行大量的資訊蒐集，透過仔細研究資訊，慎重地區分已經了解的事實和尚未了解的內容，丟棄前者，集中精力在後者，就會慢慢接近問題的核心。

當你確實感受到可以像前面談到的那樣集中意識，你的思考力就有了充分的鍛鍊。到了這個階段，解決問題就如同戳破一層紙一樣容易。同時也要記住，在前進的道路上，永不放棄的精神是不可或缺的。

如果可以持續思考，就會不斷激發好奇心，我們的興趣也永遠不會消失。考慮過所有的可能性，在思考的盡頭，必然會有重大發現和驚喜。

■重回原點的勇氣難能可貴

回到原點才能看到通往正確解答的道路

遇到瓶頸，請回到原點

益川敏英博士果斷放棄四維模型回到原點，正是這份勇敢，為益川博士帶來了新的靈感——六維模型。捨棄研究多年的「四維模型」，一切從零開始，進而峰迴路轉，讓他發現了從根本解決問題的方法。

面對難題時，總會有許多次，我們感覺「問題的答案近在眼前」，然而，橫亙在眼前的障礙，卻是無論如何也無法跨越。這時，**請不要在研究道路上半途而廢，要勇敢果斷地回到起點。**

請回想第二堂課中提到的「目標導向

型」，試著回憶一下公雞和小雞的圖像。沒錯，食物確實就在公雞的眼前，牠看得見，但是嘴巴長度不夠，無論如何都沒辦法越過柵欄吃到食物。

這個畫面並不好笑，而是針對一個問題持續思考時經常會發生的現象。這幅畫是站在旁觀者的角度畫的，可以明顯看出公雞和小雞在行動上的區別。但是，如果把自己放在公雞的立場上，抽身出來另闢蹊徑的勇氣，恐怕不是每個人都會有。

可以說，益川博士的成功，受惠於不吝於捨棄過去全部努力的勇氣。

當思考鑽進了死胡同，**請重新自問：事物本來應該是什麼樣子？**有時我們必須重回原點，重新研究、討論。

但這並不意味著至今所有的努力都付諸東流，實際上，就算決定從零開始、從頭再來，之前的努力也會做為一部分的智慧留在腦中。阻礙我們重返原點的，恐怕是心理障礙。

像益川博士這樣能夠完成偉大事業的人，都具備了一切從頭再來的勇氣和永不放棄的精神。

重視疑問，可提高發現新奇事物的機率

愛因斯坦提出的狹義相對論，據說是在他去專利局上班的路上，坐公車時想到的。有一天，愛因斯坦在公車上，隨便往窗外看了一眼伯尼爾的鐘樓，便陷入了思考。「鐘樓的指標是透過光的反射到我眼中的，速度是光速，在它到達我眼中時，我就可以判斷時刻。但是，如果公車也以光速移動的話，從公車上看到的鐘樓的指針，會不會是靜止的呢？」

這份思考否定了時間的絕對性，提出了時間的相對性，成了二十世紀最偉大的發現之一。

你知道 serendipity 這個英文字嗎？它是英國第一位首相羅伯特・沃波爾（Robert Walpole）的作家兒子賀瑞斯・沃波爾（Horace Walpole）於十八世紀

時創造的字，意思是意外發現新奇事物或珍寶的能力，有時也被翻譯成發現事物的好運氣、觀察力等。

大多數人看到鐘樓時，除了知道當下是幾點之外，得不到其他資訊。但是，serendipity 高的人，就可以看到其他價值，並產生靈感。愛因斯坦樹立了一個很好的榜樣，他在公車上眺望鐘樓時，得到了狹義相對論的靈感。

諾貝爾獎的創辦人，瑞典知名化學家阿爾弗雷德・諾貝爾（Alfred Nobel）也是因為偶然的機會，發現從保存容器開口處漏出來的硝化甘油會凝固，進而發明了混合硝化甘油和矽藻土這類惰性吸收劑的硝酸甘油炸藥。這又是一個從偶然現象中誕生偉大發明的例子，也讓我們看到了諾貝爾的 serendipity。

這種 serendipity **指的是將生活中偶然發生的現象和重大發現連結在一起的能力**。對於想從事創造性工作的人來說，這種能力非常重要。

那麼，要怎麼做，才能提高自己的 serendipity 呢？

關鍵在於，努力打造從容的心態，並重視一切小小的疑問。大腦中出現疑問時，應該停下來冷靜思考，這樣做，大多數疑問就可以得到解答。如果當下沒辦法解答，不妨記錄在筆記本上，等下次翻看筆記時，就有機會再一次看到之前的疑問。把疑問記在方便攜帶的小筆記本上，上班和上學的路上就可以隨時翻閱。

如果能夠堅持這麼做，長久下來對於周邊發生的事，就會提高敏感度。或許因為一個偶然的機會，會發現自己非常感興趣，甚至具有革新意義的問題。

這與第一堂課中說的「發現問題的能力」有異曲同工之處。掌握發現問題的能力，關鍵在於：重視自己的好奇心，獨自研究有疑問的地方，並將重點整理在筆記本上。這樣做，同樣可以提升serendipity。

此外，對同一個課題進行長時間、徹底、持續的思考，也可以提高serendipity。如果可以從各種角度，對自身感興趣的話題進行分析和思考，大腦就會變成非常敏銳的感應器，可以在日常生活的偶然事件中發現問題的種子，這就是解決問題的突破點。

我周遭有很多知識廣博的人，經常能夠從他人司空見慣的現象裡洞察到問題所在。他們之所以如此敏銳，主要是因為他們平常連最小的疑問都不放過，一定要思考到明白為止。我想，這就是愛因斯坦能發現狹義相對論、諾貝爾能發明硝酸甘油炸藥的原因吧！

因此，在課堂上，我不會只向學生解釋課本上的例子，而是一逮到機會就講：這個發現是怎麼來的，發現的人對問題多麼敏感，在發現的過程中做了多少努力。重大的發現，大多來自於被忽略的問題。

愛因斯坦和諾貝爾的成功，來自偶然現象中得到的啟發，白川英樹、江崎玲於奈和益川敏英的成功，則來自無數次的失敗。投入全部心血的研究一旦失敗了，不管是誰都會很失落。但是，如果這樣就放棄，過去的努力才會真的付之一炬。不要放棄，而要仔細分析失敗的原因，最後才有可能敲開成功的大門。

人生的道理也是這樣，人的一生起起伏伏，有時不管做什麼都不順利。

只要在最困難時依然咬緊牙關不放棄，成功的可能性就不會消失。如果真的身心俱疲，也不必勉強，好好休息一下。也許只要喘一口氣的時間，也許要很久，但內心的力量總會再次爆發。

然而，如果輕易就放棄了，內心的力量也會隨之消失。也許要不斷實驗，不斷嘗試，說不定哪一天，在某個偶然的時間點，就會找到解決問題的關鍵。

在多次實驗都以失敗告終時，不妨重回原點，從根本上重新思考：我們面臨的問題，本來應該是什麼樣子。我相信那些有重大發明和發現的科學家，每個人都經歷了這個過程。

世界上被稱為「偉人」的那些人，真正的價值絕不是他的聰明，而是他們永不放棄的精神。**這份永不放棄的精神，才是學術界、商業界等各個領域創造力的活水。**具備這種精神，我們就會像馬拉松選手一樣，可以持續不斷地鍛鍊思考力。

沒有成果，不代表就是浪費時間

現代社會大力提倡「效率」，照理來說，提高效率本身沒什麼問題，但是如果每個人都只看到眼前的確實利益，追求的都是馬上能夠解答的問題，就會有問題。請認真思考一下，這種只看眼前利益、一味追求速度的態度，真的符合提高效率原本的含義嗎？如果將長時間的思考當作無效率的事，這個世界就不可能出現發明和創新。因此，從長遠來看，人人都只追求眼前利益的社會，不會有飛躍性的發展，不是反而拉低效率了嗎？

在持續思考的同時，我們還是繼續生活。然而，一時拿不出成果時，就很難保持積極。如果是工作的問題，大可在上班時花點時間解決，但如果一味追求迅速看到成果，很多時候就沒辦法從根本解決問題。

人們似乎愈來愈忙了，在努力為生計奔波時，免不了要暫時擱置自己思考和研究的問題，身為社會的一分子，這也是無可奈何的事。

即便是以思考和研究為正職的研究人員也不例外，若想繼續自己的研究，必須申請到研究經費，但是研究經費是否發放，是在研究人員實際成果的基礎上做判斷。換句話說，如果好多年都沒有成果，也不太可能拿到研究經費。因此，研究人員一直背負著要在短期之內拿出研究成果的壓力。如果同時在大學工作，研究之外的工作就更多了。

我常聽到大家在抱怨，研究人員的額外業務愈來愈多，因此沒辦法、也沒有時間專心做研究。說實話，這也是我的困擾之一。

然而，如果只因為這樣就決定放棄自己手邊研究的課題，那就錯了。哪怕現在還沒有成果，哪怕必須暫時擱置那個課題，只要堅持不斷地思考，總有一天，令人喜出望外的成果會主動來敲門。

雖然還有不明白的事，也沒有成果，但付出並非徒勞無功。要知道，在這個世界上，沒有任何一項改變社會的技術革新，產生於短期的策略目標，它們都是對生活充滿好奇、真摯追求真理的前人留下來的智慧結晶。

擁有天才創意的人，往往大智若愚

就我所知，重大的發現和具有跨時代意義的研究成果都來自這種人：看起來不太聰明，甚至有些遲鈍。一般來說，具有天才創意的人，在別人眼中多少都有點笨，也就是我們常說的大智若愚。

在周遭的人看來，這些人領悟事情的速度非常慢，大腦的運轉速度似乎比平常人慢許多。但實際上，他們對任何事都要徹底思考，直到自己完全接受為止。當你認為他反應遲鈍時，他的腦中正進行著大量思考。

就像前面提過，說「１＋１就等於１＋１」的水果店小孩一樣，他必須要思考到理解事物的本質為止，否則不會善罷甘休。因此，在學校裡，這些人看起來非常遲鈍，成績也不好。這種必須把問題想透徹，否則絕不停止思考的學生，肯定不適合在規定時間內解答一定數量試題的考試。這種不弄清楚問題本質絕不放棄的態度，讓他們不局限於眼前的效率，更適合長時間持

■ 1+1等於幾？（愛迪生的例子）

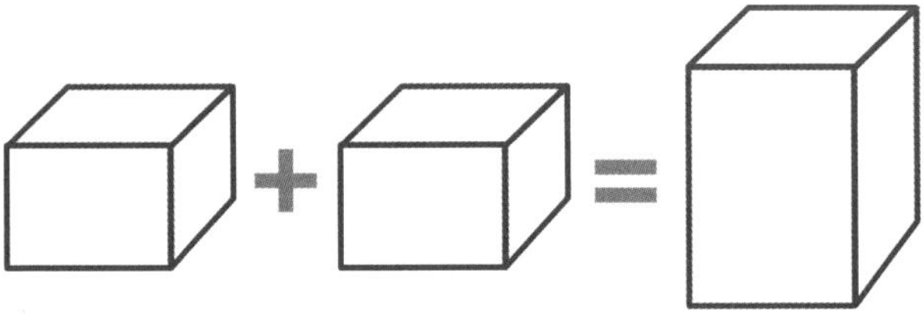

1 ＋ 1 ＝ 1

續的思考。

發明家愛迪生因為不適應小學教育，中途就輟學了。聽說他在上學時提出了「1＋1＝1」的想法，他說，把一塊黏土黏在另一塊黏土上，不就還是一塊黏土嗎？想法與其他孩子迥異的愛迪生，無論看到什麼，都喜歡問「為什麼」，久而久之，老師對他感到很厭煩。愛迪生，正是大智若愚的代表人物。

相對的，那些掌握要領、成績好的優秀學生，總喜歡解決一些能立刻達到目標、容易拿出成果的問題，刻意避開那些需要長時間思考和研究才能突破的難題。

在這些「聰明」的人眼中，喜歡解決花

大量時間卻看不到成果的難題、「遲鈍」的人，實在愚蠢又沒有效率。而在現實生活中，從小學到大學，衡量一個學生學習能力高低的唯一標準，就是平均成績，所以那些「聰明人」這麼想似乎也有道理。

然而，如果我們的目標是驚人的重大發現，學業上的聰明和遲鈍就沒有任何意義，除了花時間深刻地理解問題的本質之外，沒有其他捷徑可言。因此，**執著於短期的成果，有時反而是繞了遠路。**

一百次錯誤後，一定會有正確答案

在解決沒有人知道正確答案的問題時，免不了連續重複錯誤的嘗試。在思考解決問題的線索時，一旦出現新的構思，就要檢驗其正確性，這就是嘗試。但是你會發現，本質上愈難的問題，在嘗試時發生錯誤的情況愈多。出現錯誤之後，必須分析那些錯誤，進一步思考有沒有更好的辦法。

■嘗試錯誤的步驟

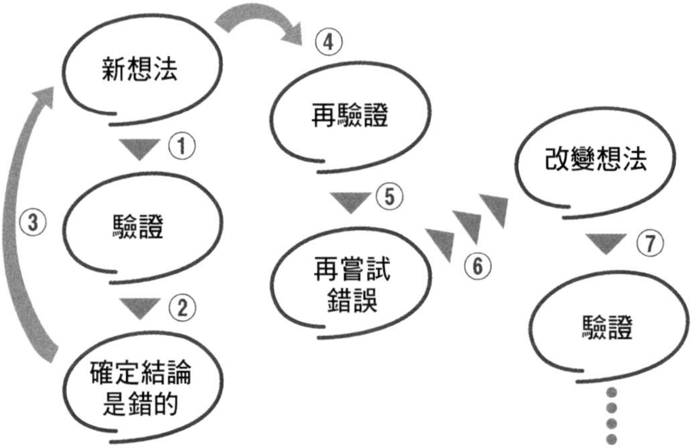

要是我們最初想到的點子，恰巧就是解決問題的辦法，那就太幸運了。如果不是一次就成功，理論上，出現錯誤的次數愈少就愈理想。但是，如果你面對的是一個創造性的問題，就不可能這麼走運了，正因為這樣，目前才沒有人能給出這些問題的答案。

在花時間嘗試和累積經驗的過程中，一定要有永不放棄的精神。在腦海中閃現靈光的一剎那，覺得自己就要接近目標了，滿懷著期待和興奮再次嘗試，卻發現結果還是錯誤的。這時心情一定會跌落谷底，低沉得連再次嘗試的勇氣都沒了。但這還不是最差的結局，最怕的是過分執著自己的想法，讓思考陷入「原地轉圈」的尷尬處境。

這時**最重要的就是：即便失敗也不要消沉，要堅定不疑地重複實驗，並且從失敗中累積經驗，以及培養冷靜分析的能力。**一旦失敗就喪失了再次嘗試的勇氣，你的研究也只能畫上一個不圓滿的句號。如果你覺得筋疲力盡，大可好好放鬆休息，但千萬不要輕易放棄。

另一方面，有時候我們雖然幹勁十足，但如果只是一味重複同樣的錯誤，研究也不可能有任何進展。失敗是學習最好的時機，應該**認真分析失敗的原因，提醒自己至少在以後的嘗試中不要再犯同樣的錯誤**。出現錯誤並不意味著所有努力都徒勞無功，因為在嘗試錯誤的過程中，我們一直朝著問題的本質不斷前進。

請徹底分析產生錯誤的原因，偶爾捫心自問「問題原本應該是什麼樣子」，必要時重回原點，重新思考。在重複這項工作時，思路會漸漸變得清楚，大腦會逐一排除無關問題本質的障礙，帶領我們接近問題的核心。

這樣一來，下一次嘗試的品質就會提高，這就意味著，我們離解決問題又更近一步了。重複「嘗試→錯誤→分析和修正→新的嘗試」這個循環，通往問題答案、專屬於你的路徑，一定會在面前緩緩開展。

雖然沒有資料證明，但是我相信，能夠嘗試錯誤一百次的人，必然能夠找到答案。哪怕只是一次成功，也會帶給你再嘗試一百次錯誤的勇氣和信心。

只要有意識地從失敗中累積經驗，就不會被同一塊石頭絆倒兩次。失敗是成功之母，因此沒必要害怕失敗。堅決不放棄，懷抱著希望奮鬥到最後一刻，才是成功的祕訣。

第4堂課

思考即是創造

由執行力時代邁向創造力時代

前三堂課為大家講解了創造力的基礎，即執行力、思考力，以及永不放棄的精神。遵守某種規律解決給定題目的能力，我們定義為「執行力」。在執行力的基礎上有意識地鍛鍊思考力，就可以獨立發現並解決問題。在解決問題的過程中，勢必要經過大量反覆嘗試錯誤，才能夠抵達成功的彼岸，而在這個過程中不可或缺的，就是永不放棄的精神。

不斷鍛鍊思考力、磨鍊永不放棄的精神，最後可以培養獨立思考和創造的能力——這是當今社會亟需的能力。

人類誕生之後，生存環境面臨危險。惡劣的自然環境和弱肉強食的生存法則，讓我們祖先的生活無比艱難。他們每天醒來都要擔心如何填飽肚子，外界環境一旦改變，就必須重新找一個安全的棲身之處。過了今天、顧不了明天的生活，讓他們如履薄冰，光是要保障自己的安全就筋疲力盡了，哪裡還有辦法預測自然災害。那個原始時代危機四伏，充滿了意外的變數。有颱風、地震、洪水、火山噴發等許多自然災害的日本，這種情形尤其顯著。日本人的祖先為了在這塊土地上求生存、留下命脈，可說是彈性因應了各式各樣的變化。

達爾文在《進化論》中指出：物競天擇，適者生存。由此可見，留在世界上的物種不一定最強大，也不一定最有智慧，而是最能適應環境的物種。若從這個角度思考，在小小的島國上經歷無數次破壞與創造的日本人，一定是適應能力極高的民族。

日本人的祖先沒有放棄，即使不斷遭遇失敗，仍舊將經驗當作教訓並進一步思考，繼續創造新的智慧與文化，以因應、適應接下來可能發生的各種現象。接觸外國不同文化之際，也彈性地接納並吸收，成為日本文化的一部分。為了吸收包括漢文等外國語文，特地發明新文字（片假名）的民族，在這世上絕無僅有。

隨著科技的進步，現代社會已經與原始社會大不相同，大部分發生的事都有軌跡可循，只要按照一定規律，必然能夠解決問題。同時，天氣預報也愈來愈精準了，人們可以提前預測可能發生的自然災害，做好防護措施。由於超級電腦的誕生，連複雜的藥品開發也進入分子階段了。

發生火災時，應該怎麼辦？為了對抗自然災害，需要哪些設施，需要建立哪些系統？人民生病或者受傷時，怎麼處理才對？政府能為人民做哪些事？生活中的所有問題，我們都有答案。雖然這些答案並不完美，可以肯定的是，這些問題都可以依據一定的規律、規則，或是參照以往的經驗解決。

只要事情在意料之中，就可以透過執行力解決，在這些情況下，執行力還是很有用。尤其是網路出現後，大量知識被整合，基本上，只要上網就可以了解想知道的一切，因此，我們進入了執行力時代。

在執行力時代中，所有問題的正確答案都比較明確，大概是因為周遭發生的事情，大多數都是之前經歷過的。歷經高度經濟成長的日本，有著以建構「安全」、「安心」的社會為目標的「安全工學」，這個領域之所以發達，正是因為這樣的時代背景。在執行力時代裡，根據規律和經驗辦事最有效率，也最合理。

然而，進入二十一世紀之後，社會發生了重大改變。尤其是在二十世紀後半，伴隨著金融危機，國際社會的大環境無時無刻在變化。日本的經濟力持續衰退，二〇一一年還發生了三一一大地震、核能電廠事故這種前所未有的大災害。

面對這些新的事件時，既有的經驗和知識顯得那麼無力。過去曾發揮重大作用的執行力，只能幫助我們依照過去的經驗，處理以前發生過的類似事件，卻少了面對意外變化的方法。

現在的日本，再度進入了以往經歷過無數次的「破壞之後來臨的創造力時代」，為了解決現實中發生的新事件和課題，追求創造性的答案。現在正需要不受過去的經驗和知識束縛，回到本來應該怎麼做才對的根本之處，從頭

■ 再次邁入創造時代

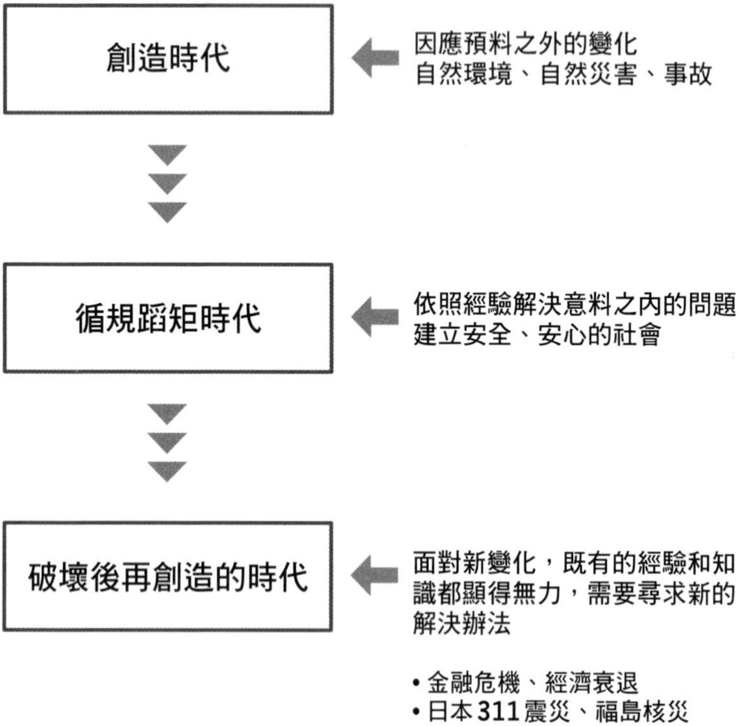

伴隨「創造時代→循規蹈矩時代→破壞後再創造的時代」的更迭，向來善於靈活因應環境變化的日本社會，如今再次邁向創造時代。

開始，重新思考。

日本人的潛力是：一旦共同擁有這樣的時代意識，就能做到大大改觀的程度。面對意外的局勢變化，大家共同以不屈不撓的精神努力適應的能力，是刻畫在日本人基因中的特長。

執行力是創造力的基礎

為了開拓新的時代，進行創造性的思考，絕不能拘泥於過去的常識和經驗。然而，不拘泥並不等於完全忽略，因為過去的經驗和常識，在處理相對熟悉的狀況時，依舊可以發揮很好的參考作用。**只要是意料中的事物，過去的經驗和常識就可以發揮作用。**

創作出獨特的抽象畫、二十世紀現代藝術的開創者畢卡索，曾經被譽為工筆畫天才，精通藝術世界既有的繪畫手法和技巧，在這個基礎上開創了立體主義，這是西方現代藝術史上革命性的突破，之後他又進軍超現實主義。

音樂界也有一位偉大的鋼琴演奏家——顧爾德（Glenn Gould）。他的演奏結構嚴謹，變化豐富而傳神，享有天才之名。顧爾德從小就是「技術型」人才，他研究過去的偉大作曲家和演奏家的藝術成就，在這個基礎上，拋棄了傳統的音樂觀，轉而用自己的體會和想法重新組合樂曲，創造了獨特的音樂觀。顧爾德不僅是偉大的鋼琴演奏家，還是卓越的批評家（關於這一點，可以參考他的著作）。

這兩位藝術巨擘都有非常傑出的執行力，他們從之前的藝術成果中汲取營養，但沒有就此止步，而是摒棄一切常識，在自己的腦中建立新體系，到達更高的境界。

從他們的經歷中，反映出資訊地圖的重要性。

不論是畢卡索還是顧爾德，成功的開端都來自掌握既有的龐大資訊，這和我們在大腦的地圖上列出已經理解的事物是相同的。他們的執行力出類拔

■20世紀藝術的進化

畢卡索
（1881～1973）

顧爾德
（1932～1982）

掌握既有資訊

發現未知領域，
並解決不明白的問題

立體主義	巴哈的非連音演奏法
超現實主義	自成一派的演奏

充分理解並分析既有資訊（知識），可能會有新發現。

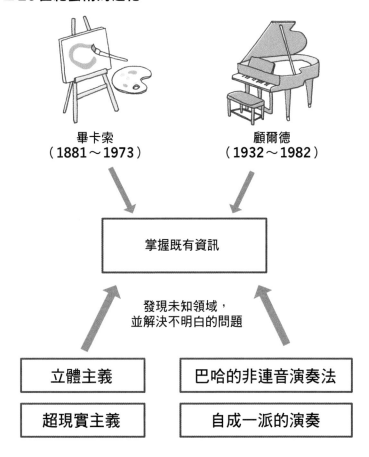

萃，因此我可以斷言：即便只靠執行力，他們依舊可以成功。

然而，他們很明顯都不滿足，而是在完全精通專業知識的基礎上，發現了還沒被開拓的領域，並且勇敢踏出挑戰這片未知領域的一步。而這種深思熟慮之後略帶「冒險」的探索，最終成為推動二十世紀藝術進化的原動力。

丟掉知識，獲得智慧

由於工作的關係，我每天都會閱讀大量論文。在學術論文中，研究人員會發表新的研究成果或者新發現。我在讀論文時最注重兩個地方，一是研究成果，即研究人員最後得出的結論；另一個則是該論文並未涉及、沒辦法解釋的部分。實際上，**一篇優秀的學術論文，不僅會明確闡述已經釐清的研究成果，也會明確指出還沒釐清的部分。**

我的學生剛開始進行研究，常常會問我如何正確閱讀論文和文獻。雖然每個人的習慣不同，但是我在閱讀文獻時，會一直提醒自己在腦中繪製地圖。

如果拿國家地圖來比喻，可以先將國家這個概念換成研究領域。想了解一個國家，首先要知道的一定是代表性的大城市。這裡的大城市就相當於在該領域有決定性作用的經典論文。隨著對大城市的理解逐漸加深，你的興趣一定會擴展到周邊的中型城市。

所以，閱讀文獻時要按照一定的順序：從基本文獻入手，再閱讀記載特殊事項的文獻，這個順序非常關鍵。每篇論文的開頭都有簡介，透過簡介，就可以了解研究人員發表論文的動機及背景。按照順序進行閱讀，會逐步了解該研究領域的創始人，以及對該領域發展有巨大貢獻的人，並了解他們想法的出發點，進而在自己的大腦中判斷，接下來的研究應該往哪個方向發展。

雖然教科書和參考書和論文一樣具有參考價值，但我還是建議以原創論文做為第一手資料。在這一點，學術與藝術是相通的：一流的想法，一般都出現在接觸一流研究論文的過程中。

在外交上常常用到一個英文字：intelligence（姑且先譯為「核心資訊」）。各國的元首為了處理外交事務，必須掌握必要的資訊，然而他們沒有時間蒐集這些資訊，所以蒐集工作一般都由相關部門負責，這些資訊蒐集人員的資訊來源，可說是各式各樣。

然而，在所有資訊中最被重視的，往往是平時也看得到、發表在報紙和雜誌上的消息。大家一定覺得很意外吧！這些專業的資訊蒐集人員，每天都會閱讀各種媒體發布的消息，再仔細推敲報導觀點的變化，著眼於報導中未披露的事實，進而判斷這些資訊將對未來的外交關係造成哪些影響，然後將這些核心資訊整理成報告交上去。

透過這個例子，我們可以了解：**只要徹底分析資訊，就可以獲取其中隱藏的intelligence（智慧）**。

資訊，就是存放從遙遠的過去到現在、人類累積的大量經驗和思考的檔案館，查閱裡頭陳列的各種檔案，汲取的是知識，只有仔細思考那些知識的真正意義，才能獲得智慧，同時也能夠一點一點看清楚「地圖」上的空白。

一旦獲取智慧，看清楚地圖上的空白時，我們的研究課題也就變得明確了。這時就可以毫不猶豫地丟掉所有的資訊來源。丟掉知識、獲得智慧，就是這個意思。

篩除不必要的資訊，找出核心資訊

「丟棄」是本書的關鍵字，在這裡做些補充說明。

這是個不出門便知天下事的時代，隨著網路普及、輕便的行動裝置出現，以及免費下載的應用軟體的流行，我們每天都會接觸大量資訊，這些資訊以爆炸般的速度一直增加。

因此可以預測，在不久的將來，報紙、雜誌、書籍、音樂、電影等資訊都會被資料化，儲存在更加方便利用的資料檔案館中。因此，透過閱讀既有的資訊，就可以增加許多知識，對於感興趣的領域還可以了解更多。

然而，只閱讀不斷湧現的新資訊，並不代表已經深入理解資訊，充其量不過是消費資訊，而閱讀的結果也往往是一知半解。同時，網路上還充斥著一些聽起來刺激但真偽不明的消息，盲目追蹤這類消息，無疑是浪費時間。

所以，要活用這些資訊，首先要在鋪天蓋地的資訊中，剔除與我們的研究本質無關的東西，然後分析剩下的資訊，並繪製資訊地圖。這樣，就能夠找到具有開創性的核心資訊。

個別的知識並不重要，重要的是將所有知識聯繫在一起的能力——思考力。要進行更深刻的思考，必須全力排除多餘資訊的干擾，拋開雜念，從問題的根本去思考。書中反覆強調的「丟棄」，就是方便我們更充分思考的技巧。

再提醒一下丟棄資訊的過程。首先，要蒐集與研究題目相關的資訊，透過閱讀和分析，果斷剔除無法理解的資訊。一旦出現了有助於理解的資訊時，要馬上將當時的感想用自己的話寫在筆記本上。

這就是對資訊進行消化、理解、提煉，並添加自己想法的加工過程，透過這個過程，可以鍛鍊思考力，也是所有思考的出發點。

閱讀和理解蒐集的資訊，並將要點寫在筆記本上，我們會逐漸發現，筆記本上記錄的各種資訊並非各自獨立，而是互相聯繫的。到了這個階段，就可以將資訊地圖上孤立的「點」一步步連成「線」了，繼續這項工作，「線」就會慢慢變成「面」。

消化完蒐集的資訊之後，可以非常清楚地看到地圖上的空白部分，進而發現新問題。這個新問題有可能填補地圖上的空白（獲得新知識），也有可能是兩個不相連的「點」之間的一條「線」，也就是兩個完全不同的知識之間的聯繫。

進行這項工作的過程中有個關鍵，就是**除了留下筆記本上的資訊以外，其他資訊都要丟掉。**

丟棄是為了排除多餘的資訊，將全部精力集中在問題的核心進行思考。

進入深度思考時，一般人都會眼睛看著天空或者閉上眼睛，這其實是在排除外界對視覺的干擾。只有丟掉多餘的資訊，將意識完全集中在剩下的資訊上，才能加深思考。

我在平時的研究過程中，一定會針對研究題目寫筆記。雖然每天都會閱讀不同的論文和資料，但是手頭的資料永遠只有筆記本。筆記本上無非是重點和數字，別人看來完全不知所以然，在我的眼中卻是通往創造性答案的必需品。所以我一有時間就會打開筆記本，將不再需要的資訊塗白，而且下意識地將所有筆記集中在同一本。這樣一來，我手頭的資訊永遠都是當下需要思考的，隨時都可以看到。這是我的一貫做法，不管研究什麼課題都是如此。

對於管理行事曆，我也用同樣的方法，將各種行程寫在記事本中，然後將完成的項目塗白。當某一頁的正反面都塗白了之後，就會把這頁撕下來丟掉。所以每到年尾，我的記事本往往只剩下薄薄的幾頁，但我心裡卻感到莫名的開心，或許是因為這表示占據我大腦空間的事情愈來愈少，已經一一被解決了。

我的做法也許有點極端，但是，用這個方法，你會發現接下來要處理的事變得非常醒目，可以將全部精力集中在這些事情上。這也是我特別喜歡這個方法的原因，強烈建議你嘗試一下！

丟掉成功的經驗

實際上，我們應該丟棄的，不只是已經消化的資訊和過去的記事本。**妨礙創造性思考的代表性障礙，來自成功經驗**。有許多研究人員在經歷過一次成功之後，總是希望把這次的成果帶到下次的研究中。在新的研究裡，他們也更傾向於反覆使用之前研發出來的技術和方法。不僅如此，就連研究課題也會被限定在能使用以往技術的前提下。

一直以來，研究都以研究課題為優先，相對應的技術和方法，也是為解決該研究課題而研發的。然而，研究人員一旦被過去的成功經驗束縛，就容易本末倒置，忽略了研究課題的重要性，變成單純為了使用技術而選擇研究課題。

在這樣的情況下，即便研究人員能繼續研究的工作，創造性的靈感恐怕也會慢慢枯竭。不僅學術界如此，社會各個領域也是如此。被成功經驗所束縛的例子，不只發生在個人身上，有時候整個社會都會犯下類似的錯誤。

以日本的製造業為例。進入二十一世紀以來，日本的製造業整體出現了衰退的趨勢，我認為原因主要在於日本從經濟高度成長期，過渡到泡沫經濟時期的成功經驗。雖然日本製造業在技術層面上依然擁有世界頂尖的水準，但是在這個時代，生產和消費都講求全球化，不僅製造商樂於在勞動力相對廉價的國家和地區建廠生產，消費者也傾向購買用途簡單、便於操作的產品和服務。擁有「過剩」功能的產品不再吃香，消費者追求的是簡易、便捷。

曾經被譽為「製造業大國」的日本，所擁有的引以為傲的輝煌歷史以及成功經驗，早就被這個新時代淘汰了。

這種被成功的歷史束縛住的例子，不僅僅是部分成功者的特例。不論是誰，都會隨著年齡增長，累積愈來愈多的知識和經驗，而在這個過程中，很容易被這些知識和經驗束縛住。「一直以來我都是這麼生活的，以後也要靠這些經驗過日子。」一旦這樣的固有觀念占領了大腦，我們就會選擇避開風險，拒絕創造性的挑戰。

從這點看來，比起中年人，年輕人似乎更有優勢，因為他們不太容易被過去的經驗束縛，而且有時候也會果斷摒棄社會上既存的觀念。但弊端就在於，他們太年輕，沒有太多閱歷和知識。畢卡索、顧爾德、愛因斯坦這些人，早在青年時期就已精通專業知識和技巧，並在這個基礎上發現創造的種子，但畢竟不是每個人都做得到。

從這個意義上講，到了一定年齡的中年人，一般都充分累積了思考所需的經驗和知識，只要能夠靈活變通，不過度執著，一定會比年輕人更有創造力。

若要進行變革性的思考，必須清除一切障礙，包括過去的成功經驗。要做到這一點很難，但我們必須有勇氣丟棄，向未知的荒野勇敢踏出第一步。**做創造性的工作，需要的不是知識，而是靈活思考事物的方式，也就是智慧。**中年人一旦擁有這種智慧，一定能發揮不輸年輕人的創造力。

鍛鍊長跑型思考體質

在考試中，學生要在短時間內有效率解決給定的試題，鍛鍊的是執行力。這樣的學生好比優秀的短跑選手，為了拿到更好的分數，通常會優先解決有把握得分的試題，將看起來稍難、需要一定時間才能解答的試題，留到最後再處理。不可否認，這樣的「短跑型選手」確實具有瞬間的爆發力，但是往往耐力不夠、不能「長跑」，因此思考也不能持續很長的時間。

然而，書中介紹的思考力，以及用來支撐創造力的永不放棄的精神，無一不是建立在「長跑型體質」的基礎上，需要的是「馬拉松型選手」。

在前三堂課，我介紹了如何發現目前為止無人問津的問題，經過無數次實驗和失敗，最終找出解決問題的獨特方法。這個過程要花費很長的時間，乍看上去毫無效率可言，但是，透過這個途徑，我們確實鍛鍊了分析問題和發現問題的能力，並激發了自身的創造力，從這點看來，這個過程反而最有效率。

能夠靈活思考的人，可以看穿似乎毫無關聯的事物之間的聯繫，會從完全不同的領域發生的事情中得到啟發。他們的「敏銳眼光」完全得益於平時的思考，分析資訊時，不單單滿足於這些資訊帶來的知識，而會認真地消化這些資訊，直到知識轉化為智慧為止。**將知識轉化為智慧、將資訊轉化為核心資訊的思考路徑，一旦在腦中形成，我們的思維就會更自由，思考也會變得更靈活**。

無論是推理小說、魔術還是智力遊戲，想要揭開謎底，都要事先了解必要的資訊。然而，有時候即便掌握了所有資訊，還是無法解釋結果。最後，當推理小說的作者或魔術師親自解答其中的奧妙時，我們往往會折服於他們精妙的技藝：

「哦，原來魔術師在那裡做了一個小動作！」

「原來如此！那麼想就對了！」

但是，有時候，我們也會做出這樣的反應：

「真可惜，我要是再多想一會兒就好了！」

「為什麼我沒從那個方面考慮呢？」

這種反應或多或少摻雜了懊悔的情緒。

在答案被揭曉的那一刻，有時會感到震驚和欽佩，有時則會遺憾和懊悔。這些感想來自於從給定素材中發現問題的核心、假設並驗證、最終找到答案的過程中。

生活中也是如此。不論是誰，每天腦中都會冒出許多問號：為什麼呢？

怎麼會這樣呢？只不過有的人意識到自己在質疑，有的人卻沒有。

實際上，在許多模糊不清的想法裡，或許都暗藏著具有革新意義的重大素材。然而，就算把這些素材挑選出來放在大家面前，大多數人還是視若無睹。世界上充斥著各類資訊，那些與發明和發現息息相關的重大素材，不僅普遍存在於周遭，還常常是一些容易被忽略的資訊，於是我們一次又一次與重大發現擦身而過。

在執行力的基礎上鍛鍊思考力、自行發現問題，並在解決問題的過程中永不放棄，透過重複、踏實的實踐，一定可以具備「長跑型思考體質」，這才是創造力的泉源。

為找不到答案苦惱時，靈感就離你不遠了

長時間思考研究課題，卻依舊找不到答案時，痛苦也會如影隨形。尤其

是當思考陷入死胡同、一時之間又沒有新想法時，或者當期限快到了的時候，更是苦不堪言。然而，千萬不要就此放棄，歷史上許多重大的突破，都是在「山窮水盡疑無路」的困境中產生的。

一九八〇到一九九〇年代，藍光LED（藍光二極管）的開發，是世界上眾多優秀研究人員激烈爭論的話題之一。當時，RGB格式的顯示器必需的光的三原色（紅、綠、藍）之中，只有藍光還沒有被開發出來。

當時在藍光LED研究的第一線，是用硒化鋅（ZnSe）做為研究材料，世界上知名的研究機構和大型企業，為此投入大量資金進行研發。

與此同時，日本一家叫作「日亞化學工業」的中型企業中，中村修二博士也戰戰兢兢地進行著藍光LED的研發，但他的預算非常有限。為了避開激烈競爭，他選了當時普遍不被看好的氮化鎵（GaN）做為材料。由於中村修二博士的實驗裝置都是自己手工製作的，實驗結果遲遲出不來，再加上其他國家的研究機構也陸續發現了氮化鎵的可能性，用同樣的材料研發藍光

ＬＥＤ，可以說情勢愈來愈緊迫。

就在看似註定失敗的關頭，中村博士仍然沒有放棄，他始終相信，自己一定能研發出藍光ＬＥＤ。於是，他選擇背水一戰，不斷實驗、驗證，經歷了無數次失敗，終於在最後關頭開發出高亮度藍光ＬＥＤ這項實用性技術。

堅持思考，換句話說就是等待靈感。具有跨時代意義的靈感，往往都是在思考陷入死胡同時產生的。在窮盡思考的過程中，愈是困難，離靈感就愈近。**只要用「永不放棄的精神」來對抗危機，就能開創嶄新的局面。**不管過程有多苦，請不要輕易放棄。

孩子問為什麼時，不要立刻回答

思考力不只是成年人特有的能力，在養育下一代的過程中，也可以下意識地培養孩子的思考力。

孩子總是充滿了好奇心，凡事都喜歡問「為什麼」。**孩子在問「為什麼」時，正是父母培養孩子思考力最好的機會。**如果無視孩子的提問，甚至擺出一副嫌麻煩的嘴臉，慢慢地，孩子就不會再發問了，他們的好奇心也可能在不知不覺中被扼殺。

如果父母能夠在孩子提出疑問時正確引導，就能夠培養孩子的思考力。幼年時養成的思考習慣，往往會讓孩子一生都受益。

當孩子提出「為什麼」時，**請不要立刻回答。**如果你立刻告訴孩子答案，孩子就會覺得自己已經明白了，將興趣轉移到下一個疑問上，而不再關心當前這個問題。這樣做，雖然給孩子灌輸了知識，卻沒有培養孩子的思考力。

建議父母站在孩子的角度，與孩子一起思考。

比方，當孩子問我：「為什麼螞蟻從高處掉下來都摔不死呢？」我就會回答他：「是啊，到底是為什麼呢？」然後和他一起思考。孩子說：「別的東西從高處掉下來都會摔壞，螞蟻看起來卻沒關係。」我就會建議他：「對啊，不如我們用番茄試試，看看會不會摔壞。」然後讓番茄和螞蟻一起從高處摔下來，看看結果是否不同，我或許還會改變高度，跟孩子多試幾次。

透過一起做實驗，我會和孩子一起思考：什麼樣的東西從高處墜落不會壞，什麼樣的東西卻經不起摔，相對應的條件是什麼。我還會鼓勵他就「螞蟻與番茄不同，可以從高處摔下而不會摔壞」這個假設來做實驗。

透過與孩子對話、與孩子一起思考來引導和啟發孩子，讓他們了解：同樣的問題，在不同的條件下會出現不同的結果。而讓孩子親自參與實驗，也有助於他們獨自發現問題。透過獨立思考，發現事物中存在的道理，會讓孩子得到更多樂趣。

舉這個例子，只是希望讓大家知道，有時候直接告訴孩子答案，往往不是回應孩子好奇心最好的方式。最理想的方式，是讓孩子在好奇心的驅使之下，運用自己的大腦，體會思考的樂趣，並養成良好的思考習慣。孩子一旦體會到這種樂趣，就會愈來愈喜歡思考。

■培養孩子思考力的方法

站在孩子的立場，與孩子一同思考和實驗，就是個中關鍵。

孩子提出的疑問中，最重要的部分在於他為什麼會有這種疑問，那裡埋藏著「發現問題的能力」的種子，身為父母，不妨幫助孩子加深疑問。

「為什麼呢？你想知道為什麼嗎？」

這樣回答他，並站在他的立場上一起認真思考。**與孩子對話時，記得不要以大人的感覺出發，而要盡量配合他的思路**。當他發現父母對自己的想法有同感時，會非常開心。

在這樣的對話過程中，孩子或許不能給出正確的答案。不過，重點不在答案正確與否，而在於孩子在尋找答案的過程中鍛鍊了推理能力，這才是培養孩子思考力的關鍵所在。

讓孩子發現「為什麼」，自己尋找答案，是培養孩子思考力最重要的一步。當然，體會思考的樂趣也同樣重要。有意識地培養孩子的思考力，或許一開始看不出效果，但只要不斷啟發孩子，總有一天他會掌握真正的思考力。

提出質疑、積極對話，才是有意義的思考

孩子總是會不停問為什麼，大人卻不會這樣。只是，雖然嘴上不說，大人的腦袋裡免不了迴響著「為什麼」的聲音。

「為什麼麥克風這麼小，收音卻這麼清楚？」

「為什麼股價只有今天才狂漲？」

「為什麼只有那款產品暢銷？」

生活中，每個人常有類似的疑問。大人有一定的知識和經驗，提出的問

題也會比孩子的問題更深刻。

如果這些疑問恰巧是自己感興趣的話題，我們也許會上網查詢，或者會翻翻專業的書籍，有時候還會諮詢專業人士。但是，如果我們對取得的資訊只是看看、聽聽，一知半解而不深究，就會錯失一次次思考的機會。因此，在聽完他人的見解和說法之後，應該重新思考一遍，提出質疑：他們說的到底對不對？

這種思考叫作「批判性思考」（critical thinking），意思是不盲目地全盤接受眼前的資訊，而是客觀地思考和分析。與別人討論自己的質疑，也非常重要。

與學生接觸的過程中，我經常會被問一些模棱兩可的問題。看得出來他們有很強的求知欲，腦中確實存在著疑問和不解，只是這些東西都沒有被具體化，因此他們沒辦法準確表達自己想表達的意思。

面對提問，如果老師直接訓斥學生「你說的是什麼亂七八糟的東西」，恐怕學生再也不會發問了。做為聽眾，老師應該適時給予學生適當的啟發，幫助他們將疑問變得更明確。我認為老師應該認真傾聽學生的發問，試著用自己的理解回答他們：「你想表達的是不是這個意思？」在這樣的對話過程中，老師不僅可以回答學生的疑問，還可能喚醒自己心中沉睡的創意種子。

順帶一提，有時在日常的對話中，明明知道答案卻不立刻回答，反而會帶來意想不到的效果。與他人聊天時，面對對方提出的問題，你明明知道答案，卻故意繞開答案，回答一些看起來相去甚遠的答案，不僅可以促進對方思考，還有可能讓模棱兩可的提問變得更清晰。雖然這一招聽起來有點壞，但是不妨把它做為對話技巧記下來。

面對疑問，不應該只滿足於尋找答案，而應該積極思考並提出質疑，享受求知的過程。在與別人對話的過程中，要與對方一起思考話裡隱藏的疑問。一旦養成這樣的習慣，大人之間的對話就會充滿創造的樂趣。

歷經各種失敗，才能認清困難和障礙

就算我們為了研究絞盡腦汁，實驗成功的機率也只有一%，那麼，其他九九%的嘗試都是做白工嗎？我認為不是，在這九九%的嘗試之中，我們不只**鍛鍊了獨立思考的能力，在這個基礎上還飽嘗失敗的辛酸，這就是很大的進步**。

首先，失敗能夠幫我們認清課題的難度以及解決的障礙這些關鍵點，而且，經歷各式各樣的失敗，正是理解這些關鍵點唯一的途徑。

其次，成功的經歷有時會鈍化思考力，而痛定思痛的失敗體驗，則會讓我們更深刻地洞察事物的本質，提高意外發現新事物的本領，意外的發現往往會留給那些洞察力高的人。

世界上沒有常勝軍，即便是那些表面看起來風光的成功人士，也經歷過無數次失敗的洗禮。如果很早就發現失敗的可能性，就可以及時修正軌道，防患於未然。

書中介紹的偉大人物和科學家都經歷過無數次失敗，他們失敗時一樣很失落。即便如此，他們也沒有心灰意冷，而選擇直接面對失敗。他們認真分析失敗的原因，確保自己不會重複同樣的錯誤，最終取得了成功。可以說，所有的發明和發現都是無數次失敗換來的。

因此，不管做什麼，請不要害怕失敗，勇敢接受挑戰！**如果失敗帶來的打擊太大，也不用勉強自己，好好休息一下。**但是，為了面對下一次失敗，請**將失敗的教訓記錄在筆記本上**，只有這樣，失敗最終才能成為成功的跳板。

即便如此，還是有人會擔心在研究和思考的過程中，所有嘗試將以失敗告終。實際上，確實有些研究沒有結果就草草收場，這的確是非常痛苦的事。

我們無法改變失敗的事實，但可以把失敗的教訓變成人生的財富，也可以將失敗變為成功的跳板，這取決於我們的意志。對待失敗的態度，完全取決於每個人的內心。

這個世界上，許多豐功偉業都是好幾代人共同努力的結果。那些明知道有生之年沒辦法完成全部事業，卻仍然兢兢業業的人，非常值得我們尊敬。他們的靈魂裡蘊藏著一種偉大的精神，這或許就是文化的傳承。

我們賴以生存的這個社會，是人類在不斷的思考、行動、失敗、加深思考的循環之上建立的。而我們之所以生存，靠的也是前人無數次失敗的經驗。**常識總是不斷被改寫**，新時代的常識必須由我們來改寫，絕不能在道路上止步不前。

為了創造一個新時代，不能害怕失敗，不僅要有意識地鍛鍊用來應對外界變化的思考力，還要培養永不放棄的精神，讓我們一起努力吧！

本書若能給百忙中的你帶來一點啟發，是我萬分的榮幸！

東大超人氣的人生思考課：
獨立思考、勇敢質疑，用創造力解決所有問題

作者	上田正仁
譯者	陳雪冰
商周集團榮譽發行人	金惟純
商周集團執行長	郭奕伶
視覺顧問	陳栩椿
商業周刊出版部	
總編輯	余幸娟
責任編輯	錢滿姿、涂逸凡
封面設計	Javick 工作室
內文排版	廖婉甄
出版發行	城邦文化事業股份有限公司 - 商業周刊
地址	104 台北市中山區民生東路二段 141 號 4 樓
傳真服務	（02）2503-6989
劃撥帳號	50003033
戶名	英屬蓋曼群島商家庭傳媒股份有限公司城邦分公司
網站	www.businessweekly.com.tw
製版印刷	中原造像股份有限公司
總經銷	聯合發行股份有限公司 電話：（02）2917-8022
初版 1 刷	2021 年（民 110 年）1 月
定價	320 元
ISBN	978-986-5519-27-8(平裝)

國家圖書館出版品預行編目資料

東大超人氣的人生思考課：獨立思考、勇敢質疑，用創造力解決所有問題 / 上田正仁著 ; 陳雪冰譯 . -- 初版 . -- 臺北市 : 城邦文化事業股份有限公司商業周刊 , 民 110.01

面； 公分

譯者：東大物理学者が教える「考える力」の鍛え方

ISBN 978-986-5519-27-8(平裝)

1. 思考 2. 成功法

176.4 109018937

藍學堂

學習・奇趣・輕鬆讀